夕暮れも
とぼけて見れば
朝まだき

ノッポさん自伝

夕暮れも とぼけて見れば 朝まだき

ノッポさん自伝

高見のっぽ

岩波書店

目次

はじめにってことで……近況報告　1
竜安寺道の役者長屋　4
向島の長屋の坊や　10
戦争が始まった　16
戦争が終った　21
鞄持ち　26
習いごと　30
悔い改めた鞄持ち　34

不思議なあと押し 36
失職四年 44
芸　名 61
作詞家 66
芸談？ 72
仕事が来た！ 76
呪文に乗ってやってきた 81
閑　話 87

ノッポさんの秘密　その1　92
『できるかな』スターパレード　104
ノッポさんの秘密　その2　112
あけてびっくり・行李の中　119
読　書　127
改心したワタクシ　132
芸は身を助く　137
かわいい負けず嫌い　148

そして最終回　155
間違えていました　162
再び近況報告をして……　167
おわりに　175

カバー・本扉写真　古家貴代美
カバー・本文中イラスト　枝　常　弘

はじめにってことで……近況報告

当方、齢八二。(これが出る頃は八三かな)

ある日、某新聞社より、新聞の人物紹介欄「夕暮れも又楽し」に登場せよとのご指名がある。たいへん名誉なことなれど、その「夕暮れ」云々にちょいとムッとくる。当人の細々とした芸人稼業の有り体を「夕暮れ」なんぞで念押しするなんて可哀想じゃないか……てことで口惜しまぎれの戯句を一句。

「夕暮れかはたまたこれは朝まだき——普通だナ。夕暮れを朝まだきとして我往かん——勇まし過ぎだ。夕暮れを(も)とぼけて見れば朝まだき——『を』と『も』とどっちが良いかなア」

トシは確かにとった。もう昔のようにはいかない。朝の起き抜けなんぞ、不用心にふとんの上で片足立ちなんぞすると、ふとんのタワミに足をとられてぴゅーんと飛んで壁にドカーンとぶち当たり、はねとばされてふとんの上にドスーンと落ちる。

ふとんに顔を埋めたままキャハキャハキャハキャハと笑い出して「うわあ、俺もお爺さんになったもんだぜ」と、そうなる。

一度ならまだしも、これが二度三度と続くと、そう笑ってばかりもいられない。

「おっと、もうすぐ新潟に行って講演てのがあったよな。こんなんで大丈夫かね。お客さんは昔のノッポさんに会いに来るんだからな。俺はジャズに乗って客席から出て、そして軽やかなステップと共に握手してまわるんだ。お客さんの喜ぶ顔が目に浮かぶ。そうだ、こんなことをしちゃいられない。ジムに行ってマシンに乗ろう！」

あの新聞社には礼を言おう。私はなんだかここのところ元気なのだ。その元気ついでに「朝まだき、朝まだき」と呟きつつ、「朝まだき」であった頃の自分のあれこれを書きならべて、皆さんに読んでいただこうかなと思っている。


あ、そうそう、私の父は芸人でした。となると私は「蛙の子は蛙」ってことになる。でもこの親子両者ともにあとを継がせようともあとを継ごうとも思っていなかった。大体がこの息子、この稼業には実に不向きな性格だったのだ。……一言でいえば臆病者にして気取り屋さん。

それがこうだ。気がつけば「蛙」になっている。「あーあ、えらい稼業を選んじゃったもんだなあ――」

竜安寺道の役者長屋

ノッポさんを演《や》っていた頃、私の出自に関して面白い話を聞いたことがある。
「ノッポさんてね、京都の宮大工さんちの子どもなんですって。矢っ張りねえ。それにああいう方でしょ。御飯を食べないそうよ」

私は京都は京都だが、ちょいと外れのあの有名な映画村の太秦《うずまさ》から、嵐山電車で五つほどの駅「竜安寺道(現龍安寺)」在の役者長屋に生まれた。昭和九年五月一〇日。父、高見嘉一《かいち》三六歳。母、おキンちゃん三四歳。一二歳を頭に年子の二男一女。そこへ新入りの赤ん坊てことだ。名前は嘉明《よしあき》。

役者長屋というのに、この家だけは「高見音響研究所」なる看板が出ていて、マイクやスピーカーなんぞを催事場に出前するのを生業として細々と暮らしていたようなのだ。

いやいや、細々としていたかどうかなんて赤ん坊の知るところではない。実はこの時、家族六人を食わせるためにその本業といえるものから半歩か一歩退いていたとはいえ、親爺はその

本業、芸人さんとしてはまだまだ捨てたもんではなかったのである。(これは後年、赤ん坊が大きくなってから知ったのである)

でも、おキンちゃんに頼まれては嘉一さんもさからえないものな。「あぶなっかしいこの稼業、ワタシャ、もう、ドサ回りなんか御免です!」なんて言われたんだろう。おーお可哀想に。

親爺のために、その芸歴の数々を書く。

嘉一一七歳。九州は熊本の東雲座《しののめ》に照明係として雇われる。ある日、その照明の中に「松《しょう》旭斎天勝一座《きょくさいてんかついちざ》」の目もくらむような舞台を見る。明治の末に発足するや、たちまち日本中を席捲し、その和・洋とりまぜた大・小の奇術の舞台は実に色どり鮮やかだった。ただちに家を捨て、天勝一座を追う。驚いたことにわずか数年後、「松旭斎天秀《てんしゅう》」と名乗って、ブロマイド型の手投げカードを持つまでになっている。ブロマイドの燕尾服のマジシャンはそれはそれは美男子である。

この美男子ぶりに当時国技館の相撲茶屋「島又」の四人姉妹の三女のおキンちゃんがホの字になる。国技館は相撲と相撲の合間に「菊人形興演」とか「お化け屋敷」なんてのをやってて、天勝一座の興業なんてのもあったから……。

父・嘉一，
チャップリンの
物真似を
得意とした．

赤ん坊の頃，
父，嘉一と．

ほうら言わんこっちゃない。二人は親の許さぬ仲ってやつで駆け落ちした。嘉一は天勝一座から出て、そしておキンちゃんは見事に勘当になった。

松旭斎天秀さんは「チャーリー高見」と名前を変えた。マジシャン時代から大好きだったチャップリンの物真似をあの衣装からなにからそっくりにして、歩き方からステッキの振り方も一緒、そしておカズは得意の手妻。

ちょいと新聞なぞに書かれ始めると、早速京都の撮影所の映画にチャップリン役で出て、ついでにチョイ役なぞするようになると、なんと今度は、「柳妻麗三郎《やなづまれいさぶろう》」なる俳優になっている。まだまだこれではおわらない。ひいきにしてくれていた製作者が会社から去ると、自分も姿をかくし、そして再び現れたと思ったらなんと今度は大阪通天閣の下辺りで軽音楽のバンドで「会頭　高見嘉一」のバンドマスターだ。ずい分と稼いでいたらしい。私は後年親爺がコボすのを聞いたことがある。「家の一軒や二軒、すぐに買えましたよ。でもお母さんはなんだかわからないものに全部使っちゃいましたから……」

あの製作者が「マキノ映画」という会社を起ち上げると、今度は京都に腰を据えた。そして映画を一〇〇本ほども撮ると「マキノ映画　スター名鑑」の真中にデーンと坐るようになったのである。

さて、あの役者長屋の一角、「高見音響研究所」の看板の下で二人の男が会話している。

「あ、嘉一っつぁん、なんか屈託あり気な顔をしていらっしゃいますな」

「ま、ない！ と言えばうそになる」

「昔とった杵柄がうずうずしても、それをヤンチャに振るうのは……」

「家族のことも考えなくてはならんのです」

「ちょいと家族など打ち捨ててですねぇ」

「いや、そうはいきません！」

「お優しいですなぁ」

——うわぁ、これを二歳の坊やと四〇になんなんとするその父親との会話とするには無理がありますなあ。


事態は急変した。なんと東京方から「おキンちゃんの勘当は許す」の報が届いたのである。相撲茶屋は廃業して、その次女がお婿さんと共に向島で町工場を成功させ、その工場長さんに身内をと考えると、ハタと思いついたのが京都でくすぶっている妹一家。

妹のおキンちゃんに否やはなかった。彼女はにこにこしながらその小さな息子に「おばちゃんができましたよ。ホントのおばあちゃんもできましたよ」と語りかけ、小さな息子はなんだか嬉しくなった。

かくて一家は東京に向かったのである。

向島の長屋の坊や

下町の裏長屋と卑下はすまい。工場長さんちは玉ノ井の駅近くの新築の長屋の端っこの、隣家とはヒト一人通れる隙間のある特別仕様(?)。

一六、一七歳の二人の息子は職工さんとして父親と同じ工場に雇われ、下の娘は美容師学校の生徒。一番下の坊やは、そろそろ幼稚園かというところ。

普通の一家。

いや、今思うと小さな坊やにとっては普通だったとはいえないかも知れない。

この家にはBGMとしてシャリアピンやカルーソーの唄声がレコードから流れ出て、ついでに粋なお姐ちゃんの声で「東雲のストライキ、さりとはつらいね、テナことおっしゃいましたかね」なんてのもあった。

父が元芸人で、母は相撲茶屋の小粋な育ちだから、そりゃあ色々とある。

中年になった松旭斎天秀さんは観客が坊や一人の時を狙って(ほかの子どもたちはすでによい観客ではなかったのだ)トランプを飛ばし、掌の中の小銭を消した。

おキンちゃんはカチカチ山を語るのにあきて来ると突如として「知らざあ言って聞かせやしょう。浜の真砂と盗っ人のタネはつきねえ……」「ねえ、お母ちゃん、ハマのマサゴってなあに？」「砂っ粒がたくさんてことよ」「ヌスットのタネはツキネエって？」「うるさいわねえ、ドロボウさんがたくさんってことよ！」

軽音楽楽団の会頭さんはラジオからルンバなんぞが流れると、傍らの坊やを引き寄せて鉛筆なぞを二本持たせて「ハイ！」と合図した。坊やはルンバの拍子木のリズムを間髪を入れず打ち鳴らさなければならなかった。この訓練の手の込んだところは、会頭さんは「ハイッ」と坊やのリズムを途中で止めると、次なる「ハイッ」はどこで入れるかわからない形で来るのだ。

♪チャンウチャウチャ、ウッチャンチャン……ハイ！――ハイ！ウチャウッチャン……ハイ！ハイ！ウチャウチャ――坊やはすぐに習得した。

お行儀にはうるさかったのに、ただひとつ、お客様が一緒でなければ、食事時にお茶碗をお箸でたたくことは許されていた。いや、むしろ坊やのお箸がバラン、ババンなんて軽やかな音をたてると嘉一さんもおキンちゃんもにこにこしていた。

そのドラミング（はっきりことわっておきますが、これはデタラメのものですよ）は幼稚園の音楽会に持ち越されると、客の親たちを呆然とさせた。坊やは先生のオルガンを受けてソロ演奏を受け持つと、短いバラバンバンじゃ間が持たないとなり、何と会頭仕込みの足ぶみを入れ、同時にスティックを頭上で打ち鳴らし、再びバラランランラン・バーン!! とやって見せたのである。

浅草のロック(六区)の通り、その演芸小屋、映画館が軒を連ねた(昔はね)通りには大きいのと小さいのの二人連れの姿がよく見られた。親子はすぐに横道に入ると劇場の裏口に廻り、親の方が劇場の人間と二言三言話し合うと、そのまま中に招じ込まれた。

大概だあれもいない三階席に二人で陣取ると「うわあ、嘉明ちゃん。いいでしょう。お芝居はここからだと全部見えるんですよ。嘉明ちゃん覚えておきなさいよ。全部見えるところですよ」「うん」。(この「うん」がその後、このノッポ爺さんが劇場の切符をとる時の基本になっている。一番安いところでOKなのだ)

さて、このよく見えるところからの観劇は小さい方にとっていつもいつも可哀想な結末をむかえた。

「うわあ、嘉明ちゃん。これは面白くありません。さ、出ましょう!」「う・う……」「ホラ、面白くありませんよ。出ましょ!!」(この「出ましょ!!」の一言もノッポ爺さんの体のどこかに深く染みついている。己れの芸のことなど棚に上げておいて、ヒト様の演ずるところを見て

「ああ、面白くないや」とつぶやいた途端、その後に「出ましょ!!」が来るのである。仲間内の役者で、この私に巣食う行儀の悪い規則を知る者は休憩時間がくるとロビーに看視役を配置して私の逃亡を防ぐことになっている。ホント、「面白くないや」とつぶやくのを我慢しないと友人を失うことになる)

浅草六区の歓楽街(1937 年ごろ)

親爺が死んでから三〇年になる。二〇年ほど前になると思うが、私はよく上野辺りの美術館に絵画展があると聞くと出かけて行った。なあに、絵を見るのはもちろん大好きだが、実はその上野のすぐ向うが浅草で、美術館から上野駅まで来ると「おお、そうだ、近い浅草に一足延ばそうか」となるからだった。そして用心深い私は浅草に向かう理由を二つ三つと用意して「そうだ、永井荷風さんの蕎麦屋と洋食屋の有名メンチカツを食べてだな……」。

食べおわった私は、それとなくあのロックの通りに足を踏み入れる。劇場街は昔の面影なんぞまるでない。だがそこを一〇メートルも歩くと私はポーッと暖かくなる。そこで表通りに戻りすぐに電車に乗って帰ってくるのである。

ここで正直に申し上げる。実は私の親爺は私が生まれるとすぐから、この私のことを「この子はできる子です」ときめたのだ。そしてその思いを終生変えることはなかった。けなされたことはただの一度もない。そしてほめられたこともない。少々のお手柄なんぞ、できる子なんだから当たり前ということだ。だから後年、私が、芸人稼業の灰色の中で膝っ小僧をかかえて悩んでいたって、「あら、このヒトまだ運が向いてませんね」てことで「ガ・ン・バ・レ!」のガの字もなかった。

母親と姉は「ガンバレ、ガンバレ」と言い続けたが、二年三年と続くと、それを口にする二人の目に「このヒト大丈夫かしら」がチラリと色をなす。私は憂鬱だった。だが、親爺の傍らにいる時は心安らかだった。

ずうっとあとのトシ、そう、親爺が死ぬ数年前だったかと思うが、私がいくらか仕事ができるようになって、その中でもちょいとマシなものをホメてもらおうと報告に行ったことがある。するとは親爺は怪訝な顔をしてこう言ったのである。

「あら、ワザワザそんなこと言いに来たの？　貴方なら当然でしょ。貴方ならもっとできますよ」

そのロックの通りは、小さな私とその親爺との二人っきりの場所だから私は素直に、こうつぶやくことができたのだ。

「父さん、俺、まだこんなモンだよ。ゴメンね。それから、アリガトウ！」

戦争が始まった

戦時中のことに関しては、岩波書店から刊行された『私の「戦後70年談話」』（岩波書店編集部編）に私も一文を寄せています。私にとって避けて通ることのできない一時期ですし、それにこの戦争によって親爺は工場長さんの職を失い、すると彼の中の昔の血が騒ぎ出すのです。その一文を借用します。読んで下さい。

「もう、ロールケーキは出せないんだよ」

昭和一五年、私、六歳。
当時、東京向島の玉の井に住んでいた。
玉の井の商店通りの裏側にはあの有名な売春窟が健在で、夜ともなればあちこちの軒灯に灯が入り、するとその家のドア脇の小窓が開いて、そこに白塗りの顔がのぞくと「チュッチュッ」と舌を鳴らした。

いやはや、ここで私たちおチビさんはドブ板を踏み鳴らして鬼ごっこをして遊んでいたのである。大人たちは鷹揚で、追い払うこともしなかった。実にのどかなものだった。長閑、長閑、……のどか……。

そんなある日のことだった。夕食時におチビさんは父親に連れられて、商店通りの馴染みの喫茶店に行った。

ドアをあけると、店主のおじいさんが、ただならぬ気配で父親に近寄り小声で一言。

「もう、ロールケーキは出せないんだよ」

「あ、……そう」

父親はちょいと悲しそうに、でもひどく真面目な顔で、これも一言。

おチビさんは二人の深刻さに気圧されて「変なのォ」と胸のうちでつぶやくだけにしておいた。

次の日、町中の菓子処からアンコが消えた。消えたと思ったら戦争が始まったのである。消えたのはアンコだけではなかったから、おチビさんが再び「変なのォ?」と首をかしげた途端、あの「欲しがりません勝つまでは」のポスターが町中にあふれ、で、この殊勝なおチビさんは「ハーイ、わかりましたァ!」とやったのである。

もともとが下町の裏長屋の子どもだから、食べるものがちょいとあれば、玩具屋から機関車が、本屋から絵本が消えようが、学校の図画の時間に画用紙が消え、その替りに「大東亜共栄圏」なる地図が来るや、そいつを赤いクレヨンで真っ赤に塗りつぶして「バンザーイ!!」とやればよかったのである――(最初のうちは……最初のうちはね……)

次第にこの御触れの文言がその趣を変えて行った。

「鬼畜米英」「打ちてし止まん」「尽忠報国」「愛国心」、そしてラジオなどで「我が特別攻撃隊は！」とか「玉砕せりィ！」なぞと叫び始めると「死して護国の盾となれ」みたいなヤケッパチの標語がおチビさんたちに与えられた。

「ハーイ、わかりましたァ！　死にますぅ」

この時、私たち一家は岐阜の木曽川べりの笠松という町に疎開していた。向島の父親のつとめていた町工場が軍需工場の指定を受けていたのである。

一二歳年上の兄は満洲で兵役についていた。その兄から珍しくも手紙が届いた。一読した母親がそれを私に渡した。文面の字には細心の注意を払われた傍点が打ってあり、それを辿ると「とくこうたいにしがん」とあった。

今でもよく覚えているが、母親から離れると、ちょいと空を仰ぎ「ああ、お兄ちゃんも死ぬんだぁ。でも、しようがないよな」と薄情に切って捨てた。

戦後七〇年、両親は長生きして逝った。子どもは九二歳の長兄（ソ連軍の戦車が強過ぎて死ぬ間もなかった）、九〇歳の姉、そして八〇歳の私と、未だ存命である。

「ねえ、兄さん。年齢とその悲惨な体験から言っても、この作文はそっちが書いた方がいいよ。なにしろ強制労働から逃げるのに自分の足の上に石を落として骨を砕いたんだろ」

「よく知ってるね。誰にきいた。でもね、お前みたいに小っちゃいのが、どんな風に飼いならされていくのかなんてのも大事だぜ」

「ああ、小っちゃいのにはもっともらしい言葉で優しくオドシをかけ、大きいのにはハナっからオドシだ。ぼくはね、あのあと知れば知るほど頭に来てたんだよ。それにさ、敗けて幾日もしないのに『おいみんな、民主主義てのはいいもんだな』なんて言う教頭がいて、その恥かし気も全くないのに唖然としたんだよ。『死して護国の盾となれ』なんて教えてた奴が……そう……もう、その日のうちに先生じゃなくて『奴』。続いて校長も『奴』になった」

「先生も気の毒だったね。あのポスター大本の悪玉が消えてんだから、そのトバッチリだ」

「まあ、そうだ」

「捕虜で三年。三年経って帰ればお国の仕組みは大違いだ。でもな、すぐに嫁さんと子どもができたから、そいつ等を食わせなけりゃならん。仕組みは変われど、食うのには苦労したぜ。アクセクしてりゃ、ちょいとした政治、世情の面倒事なんぞも知らぬうちに頭の上を通り過ぎていく。それで七〇年だ。お前だってそうだろう?」

「まあ、そうだ」

「大多数の人がそんなもんだ。で、気がつけばだ、俺はマアマアの家と土地を持って、子ども、孫、曽孫に囲まれてる。幸せだなァ、今はロト6の番号だけ教えてだな……ああっと、まだ死なないぞ、そうカミさんに言ってある、アハハハハ」

私は兄貴へのお見舞訪問をおえた。その笑い声がとても幸せそうだったから、「この頃さあ、あの時と同じようなキナ臭いこと言い出す変なのが多いんだぜ」と言うのはやめておいた。

戦争が終った

疎開先にそのままいついた。

六・三・三制の最初の中学一年生である。

教頭さん、校長さんを「奴」ときめつけた生徒にとって初めの一年は悲劇だった。憎らしい子どもは教頭さんとその一派に一日中つけまわされ、そして二年生になると受け持ちを敬遠する先生ばかりになった。いや、最終的には一人だけ私の名前が残ると、「仕方がないから私が受け持ちましょう」と言ってくれる先生がいたことはいたのである。本当に恩にきてる。

私は生意気な子どもではあったろうが、それほど悪い子どもじゃなかったはずで、そして何よりも、奴ときめた先生以外の先生には「ぼくはどうしてこんなに嫌われるのかなあ」なんて悲しい思いでいたのである——ところがどうだ——。

「あんたは先生に受け持ってもらえないんですってさ。変な子ですって」とおキンちゃんは笑顔で私に告げ、嘉一さんはむしろ我が意を得たとばかりに「そうですよ、変わってますからねえ」とにこにこした。

家長が元芸人さんの一家は、学校が出入禁止と指定した町で唯一の芝居小屋「笠松劇場」への見物を欠かすことがなかった。問題児が校長さんに捕まるのは目に見えていた。朝礼台の上に引き据えられ「いいか、みんな。高見のような人間にはなるな。此奴《こやつ》は昨夜も笠松劇場へ行ったのだ!」とやられた時には頭の中をスースーと風が吹き抜けた。だが降参はしなかったし、それを両親に告げることもしなかった。

のんき気な両親と意地っ張りの坊やの芝居見物は続き、そのうち先生も「まあ、元々が芸人さんとこの家だから仕方ないか」とあきらめてくれることになった。

笠松劇場は戦災をまぬがれた芝居小屋だから、ドサまわりのチャンバラ劇団が主ではあったが、時に歌舞伎の名題が一幕物をやったり、ボードビルだの漫才師の有名どころ、奇術師、音楽屋さん等々ちょっとしたものがやって来た。……そして、なんとその演者の中の何人かが父親の知人であることを知るに及んで私はびっくりしたのである。

終演後、うちにやって来て昔話なんぞに興じる人たちもいた。そしてその話に嬉しそうに相槌を打つ父親を見ると、それまで、ハナシだけだったその昔の父親の姿を垣間見るようで、なんだかいつものヒトとは違うように見えた。

さて、終戦になって二年ほどしておばさんの工場が代がわりして、父親は工場長ではなくなり失職した。シベリアの抑留生活から帰国した兄はお嫁さんを貰うとすぐに東京に出て行った。姉は岐阜市の美容院に住み込み、笠松の家は三人になった。

家には「電気器具・ラジオ修理」の、京都時代に似た看板が掛けられていた。（どうやって食べていたのかなあ……）

そんなある日、私は道で出会った友達にこう声をかけられたのである。

「おう、高見。おみゃあんとこの父ちゃんて、公民館の余興でおもしれえこと見せてくりゃあすよ」

「……」

「チャップリンの恰好して手品なんかしてくんさるよ」

私は家に帰ると早速父親を詰問した。

「なにをやったの?!」

「いえね、みんなにちょっと見せてあげたの」

父親はそう言うと、押し入れの中から、それまで見たこともなかった大きなトランクを出して来た。その中味は……。

ダブダブのズボンにチョッキに上衣。山高帽にステッキとドタ靴。ほかにも手品の小道具にブリキで造ったようなクラリネット。

オズオズ出してきた割りにはちょっと得意そうな父親。

「やめて頂戴!!」

息子の見幕に瞬間オロオロして、でも小さな声で、

「でも、私が演るとみんなが喜びます」

この返答を聞いて、私はなんとなく大きな声が憚かられる気分になった。で、すこうしおとなしく、

「恥ずかしいから、やめてよ」

そう言って引きさがった。

後年、私がテレビに出るようになり、そこで私を可愛がって下さった飯沢匡《いいざわただす》先生にこう言われてしまった。

「君のお父さんは『私が演るとみんなが喜びます』っておっしゃったんでしょう。それこそが芸人さんなんですよ。君はそんなこと言えないでしょ。いやあマダマダですねえ」

さて、東京へ行って二年も経たないというのに兄貴から「こっちへ来て一緒に暮らさない

か」という手紙が来た。兄貴はとんでもなく親孝行だったのである。

笠松からの引越し荷物が家の中に並んだ時、あのチャップリンの大きなトランクがひときわ目を引いた。それにあと二つほどの行李。こっちは太い縄で厳重に封をされていた。「あの中、又、なんか入ってるよなあ……」

親爺は行李を前にして、なんとなく意気さかんって感じだった。(後年、この行李の中味を知ることになりますが……)

東京に戻り、親爺はなつかしの本業に戻り、その時高校二年生だったその息子は鞄持ちになった。

鞄持ち

兄貴とそのお嫁さんは三鷹の駅からバスで一〇分ほどのところに家を借りると、そこで美容器具なぞを作って問屋さんにおろしていた。兄貴はその家に一部屋をつけ足して岐阜からの三人組を迎えてくれたのである。

すべてを兄貴に任せるわけにはいかないから、三人組の長である親爺殿は喜んで「チャーリー高見」になった。そして高校二年生の息子が「鞄持ち」に指名されたのである。

息子は立川にある進学校に転入していたが、幸いなことにチャーリーさんの仕事は夕方からだったので、その「鞄持ち」という仕事が高校生活に支障を来たすことはなかった。早目に家に帰り詰襟をジャンパーに着替えると二人で一緒に出掛けた。

当時は進駐軍のベースキャンプのクラブに仕事が多かったから、二人は三鷹から新宿駅の甲州街道口に出て、そこに三々五々集まってくる他の芸人さんたちとまざった。

道路には進駐軍の送迎バスが何台も何台も止まっており、その行き先表示には「厚木」「横浜」「横須賀」とかのキャンプ所在地名があり、芸人さんたちはプロダクションのマネージャーにそれぞれのバスにふり分けられて目的地に向うのだった。

そんなある日のことだった。チャーリーさんとその鞄持ちは立川の空軍ベースキャンプに運ばれた。ゲート前に降ろされて、ひょいとふり返ると遠くに立川の市街が浮かび、そしてほの明るい空をバックに母校のシルエットが浮かび、その屋上の天文台のドームもくっきりとしていた。

(ついさっきまであそこにいたんだぜ)

(あそこじゃ詰襟、ここじゃジャンパーだぜ)

そして……。

(あーあ、今頃、みんなは勉強してるんだろうな)

三つ目を心のうちでつぶやいて、ちょっとさみしくなった。

実はこの高校生、ずっと前にすでに大学をあきらめていたのである。母親のおキンちゃんに「上の学校へ行くんなら自分のお金で行ってちょうだいね」と言われて、「アハハハ。僕は大学へ行かなくたって賢いよう!」とやっていたのである。だとするとあの三つ目のつぶやきでさみしくなったのもわかる。少うし可哀想だ。

ま、こんなこともあったが、二年間はあっという間に過ぎて行った。そして卒業式の翌日、三鷹駅から立川駅までの電車に乗る必要が全くないのだと自覚した時、それまでの二年間さして意識もしていなかった「鞄持ち」の名称が気になり始めたのである。

「高校生の鞄持ち」から高校生が消えていた。「俺、この稼業を望んじゃいないんだぜ。鞄持ちが芸人の稼業の第一歩なら、俺は全くそうじゃないんだぜ。なのに俺の身分は『鞄持ち』ってか……」

とうとうオロオロし始めた。

昼間は兄貴の仕事を手伝って手間賃をもらった。

一ヵ月、二ヵ月……。

父も母も兄貴も何も言わなかった。

三ヵ月目……三人とも何も言わなかった。

美容師の姉が血相をかえて怒鳴り込んで来た。

「あんた、何をしてるのよ。お兄ちゃんの仕事を手伝うのはいいけど、あんたには螺子《ねじ》回しは似合わないのよ。あんた、自分でもわかってるでしょ。あんたには普通のヒトのおつとめは無理。商売も無理。物書きになりたいなんてずっと前にあきらめてたんでしょ。せっかくお父さんがいるんだからあんたも何か演ればいいのよ。黙って見てたらあんたなんにもやろうとしない。ああ、やだやだ、やんなっちゃう」

本当はもっとひどい言われようだったが弟は口ごたえ一つできなかった。しょげ返った弟を前に一呼吸置くと、姉はここで急に優しくなって実にアッケラカンとした調子で次のようなことを申し出た。

――姉は弟に月額三千円を喜捨する。その金を足しにして唄だの踊りだののお稽古ごとを始めることを姉は希望する――。

おどろいたことに、姉は唄だのタップダンスだのの先生とお稽古場のありかまで調査済みだった。

「でもなあ、僕のトシだと始めるの遅いよう……」

弟の最後の抗弁に、姉は又ぞろ怖い顔に戻ると一言。

「何もやらないよりはマシです！」

習いごと

習いごとをこんな年齢から始める芸人なんて、見たことも聞いたこともない。その有り体を正直に書きます。

(声楽教室)――美声・声量は豊か・リズム感ヨシ・でも唄うことに素質ナシ。↓×

(バレエ教室)――身長一八二センチにして体重五四キロの体軀は横から見るとS字なり。最大の弱点はピルエットで目を回す。↓×

(セリフ術)――中年の新劇俳優のセリフ回しに大いに疑問を持ってしまう。稽古はすぐにやめる。↓×

大昔の岐阜県中学校演劇祭での自分の演技はこうでした。

幕があくと、そこに一軒のきこりの家。留守居の女房が一人。そこへこれもきこりが一人やって来る。彼は女房の旦那がつい今しがた木に押しつぶされたと言いに来たのだが、それを知らぬ女房の無邪気な顔を見れば……言おうか……いや言えぬ……すると女房が「なんでしょうか?」きこりは勇をふるって、言いよどみつつセリフの第一声……。

「実ァ……」

この「実ァ……」ひとつでプロの審査員(一人は新聞社『岐阜タイムス』の副社長で青山杉作さんの弟子だとおっしゃっていた。もう一人は名古屋のNHKの「童話のおじさん」であった)が卒倒した。「これが子どもの言えるセリフかァ?!」

私は中学生の頃は恐るべき名優だったのです。

(タップダンス)――これはまあまあ続いた。↓△

一回三〇〇円のレッスン料の割には、東京の先生のタップは私の大好きなフレッド・アステア(アメリカ人のダンサー)とは似ても似つかぬものだった。いや、私の神様のダンスやタップはそれこそマネのマの字もできぬものだったからしかたないけれど、ほんのちょっとその匂いぐらいあってもよかったのに、それもなかった。そこで私はまだ何もできないのに新しい先生を探した。

京都に吉田タケオという良い先生がいると知り、そこで早速チャーリーさんの伝手を頼りに話をつけてもらい、おーお、なんてことだろう、ふとんひとつを送りつけて吉田タケオタップダンススタディオに転がり込んだのである。

この弟子にはまず先生が呆れ返った。そりゃそうだ。教室では生徒たちはまず基本ステップを並べた曲を踊ることになっているのに、この東京からの坊主はアステア映画の唄なぞ唄いながら足では出せない音を口でタタタタッタタタンと一人でやっているのである。

「ねえ、あんた。東京からワザワザやって来て、あんたはみんなと一緒にお稽古をしないのかい?」

「ええとオ、リズムが面白くない……」

「馬鹿ですねえ。あれは基本の基本。キチンと音を出せるように足を訓練して、それでこそ面白いリズムをきざめるようになるんでしょうが」

「五年、一〇年やっててあれじゃ、僕には間に合いそうにないなあ」

「くうーっ!!」

先生は私に足先だけはなめらかに動かすように特訓を命じ、私の足くびが超特訓三ヵ月で五年分か一〇年分になるのを見計らって、居間から二枚のレコードを持ち出してきた。それはあのアステアともう一人の神様ビル・ロビンソンのものだった。レコードを回しては止め、回しては止めしつつ、そこにはずむリズムを足に移し、それをタケオ先生は私に教えてくれた。

一週間後、二曲を移しおえた時、タケオ先生は私の顔を見ながらこう言った。

「ほんと、あんたの言うようにタップもこういうリズムで踊れると楽しいよな。でも言っておくけど、あんた上半身の動きはカラキシなんだからね！」

「あ、ハイ、ハイ」

返答は上の空。私は嬉しくて嬉しくてこの二曲ばかり踊っていた。

さて、お稽古ごとを始めて、ここまでに何年ぐらい経っているんだろう。京都へ来てからだってもう一年経っているだろう。そろそろ東京へ帰る頃だ。

悔い改めた鞄持ち

チャーリーさんが煙草をくわえて出ると、フロア・マネージャー然とした蝶ネクタイに金ピカの眼鏡の私が「ヘイ、ユー。ドント・スモーク！」と叫ぶ。するとチャーリーさんは火の点《つ》いたままのそれをパクリと口の中に巻き込んで笑う。私は肩をすくめて去る。ある時はチャーリーさんが広口の瓶の中に落し込んだスプーンを、その柄から延びたテグスを遠方から操作して踊らせる。

タイトルに悔い改めたと書いたが、なあにこれは自然の成り行きだ。でも確かに前よりはマシになっている。そして、そう、もっとずっとマシになって来ているのは次の決意だ。

「ええと、俺は俺だけのだし物をこしらえなくちゃならんぞ！」

チャーリーさんが作ったミカン箱製の蓄音機にモーリス・シュバリエの「ルイーズ」を掛けて、その英語のシャンソンに自分で詩をはめ込む。英詩にトゥイッターとあるから、

「♪小枝の鳥も　チュイチュイッタ・ルイーズ（このあとの歌詞が思い出せない）」

そして唄のあとに小粋なタップをアレンジする。

新宿の古着屋さんから細身のズボンと放出物資の少年用の上衣を調達し、ハンチングをかぶることにした。

楽譜はキャンプで知り合ったピアノ弾きのおじさんに依頼した。おじさんは優しい人だったから、この新米さんのために最高級の五線紙を使ってくれた。

一人稽古は玄関の土間で行なわれ、おかげで土間の土はボコボコになった。雨の日なんぞは敷居の下から流れ込む水でドロドロになった。(兄も義姉も目をつむってくれていた)

「♪小枝の鳥も　チュイチュイッタ・ルイーズ……タッタタ・ラッタラッタ……♪……」

唄いながら思っていた。

「いつ、ひとりで演るようになるんだろう。できるかなあ……できるさあ」

不思議なあと押し

「始めたばかりは大変だったんでしょうね、ノッポさん」

「いや、それがそうじゃなかった。今思い出しても不思議と言えるほどのあと押しが、なんと三つもたて続けに、この新入りに与えられたのさ。一つ目は仙台のキャバレーのフロアショウ。有名な女子プロレスラーとその兄のコメディアンのコンビ。で、私ともう一人の若いのが無報酬の手伝いさ」

「わ、タダですか？」

「くれるかな、と思ったがくれなかった。ま、いいよ、そんなことはよくある。

キャバレーの裏口に二階建ての家屋があって、その二階がこの地に渡ってくる芸人さんの楽屋兼宿舎。その時、間仕切りを外した二間の向うにヤクザあがりのマネージャーにその彼女と覚しき妖しいのがイチャイチャ。ま、いいさ、この稼業ではそんな自由さもある。それにその御婦人には新米の坊やのことなんざ目にも入らない。ところがだ……。

フロアショウが始まった。私は『♪小枝の鳥も　チュイチュイッタ・ルイーズ』と演り、それからプロレスラーにぶん投げられて楽屋に戻った。すると部屋の中から叫ぶ声がきこえて来たのさ。『なあに、あの子。あんな子見たことないわ。月世界の芸人さんだわよ!』」

「うわあ‼　それホメてるんですか?」

「ホメてくれてたんじゃなくても良いの。俺は自分がキャバレーじゃ場違いなことわかってたんだよ。想像してごらんよ。酔客が女の子のお尻をさわりながら見てるんだぜ。『でも、仕方ないよな』が俺の本当の気持ち。その場違いを月世界の芸人だなんて言い得て妙てもんだ。『そうだあのイチャツキ女、少うし見直してやろうか』となった」

「あらあ、すぐにのぼせるう!」

「で、仙台から帰ると、すぐにその足で今度は東京有楽町の日劇ミュージックホール(当時日本で第一等のヌードダンサーとバラエティの劇場)に親爺の紹介で駆け込んだ。劇場の稽古場で唄と踊りを見てもらったんだよ」

「入れたんですか?　まだムリでしょう」

「付き添いのチャーリーさんの心配そうな顔に同情して入れてくれたんだよ。当時、知る人ぞ知るって言われた泉和助《いずみわすけ》さんていうコメディアンが、プロデューサーの『どう?』に『いいでしょ』って言ってくれたんだ。これが二つ目のあと押し。四〇日の公演で一日六〇〇円の出演料。ホラ、私にとって記念すべきその最初の稼ぎ。

『♪小枝の鳥も　チュイチュイッタ・ルイーズ』とまた唄い、お客さんお目当てのヌードダンサーがその裸を競い、その合間を縫っての探偵劇のコミック。私の役は『怪しいマジシャン』」

「できたんですかァ?!」

「驚くべきことが起きた。三大新聞恒例の『日劇ミュージックホール評』に『高見嘉明という若手のコメディアンが出た』と活字が躍った。かくて二週間ほどの後になる次回公演にも契約されることになり、ギャラは六〇〇円が八〇〇円になることになった」

「おっそろしい!」

「おわったばかりの公演の演出家が、内職で名古屋の大キャバレーのフロアショウを担当していたのさ。で、ヌードの大スターのおまけで名古屋に行った。次回のミュージックホールの開幕までの一〇日間。一日のギャラ千円なり」

「二〇〇円ずつ上がってるみたいですね」

「馬鹿ですねえ。キャバレーは千円で、舞台に戻れば六〇〇円から八〇〇円になるんでしょ。それにですね、この報酬がいかなるものか、出前でハンバーグも取れません!!」

「私らこの頃の若いもんはぜいたくですもんね」
「これがこの稼業のサダメです。で、キャバレーでも前座として私は『♪小枝の鳥も　チュイ……』」
「ちょっとォ、そればっかりですかァ」
「これしかないんだから文句つけないでよ。私は幕開きを受け持つと楽屋に戻り、フィナーレまで一人ぼっちだった。私の楽屋はホールの外壁をぐるりと囲んで四、五人用に区切られた、昔はホステスさんの仕度部屋だったのだろう。……とにかく、そこは誰も通らず私は一人だった……。
だがある晩、楽屋に戻ってぼんやりしていると、その並んだ楽屋の向うからきこえて来た。
——『あらァ、いらっしゃらない』
——『ホント、どこにいらっしゃるのかしら』
——『どこ？　どこどこ……うわあ、いらっしゃったァ』
三つ揃いの三人の紳士だった。彼等はまず誰はばかることなくといった風情で私を仰ぎ見ると、今度は身も世もあらずといった体で口々にしゃべり始めた」
「何ですかぁ？　女言葉でしょう。オカマさんに仰ぎ見られたんですかァ？」

「違います。歌舞伎の部屋子さんたちだったんですよ。彼、うーん、ちょっと彼女らと言ってもいいかな。なんて私に語りかけたと思いますか？」

「わかりません」

「『ウチたちのお師匠さんがおっしゃいました。今すぐにでも楽屋に行ってアナタをジカに見て来なさい。あのヒトは将来、きっと一人舞台ができるヒトになります。そういうヒトに今ここで出会った。だから楽屋に行ってジカに会い、シッカリと目に焼きつけて来なさい』と」

「うおう?!……誰ですか。そのお師匠さんって」

「八代目の（松本）幸四郎、のちの白鸚さんでした。三つ目のあと押し」

「うわあ、で、信用したんですか？」

「身もだえしながら、私を仰ぎ見てたもん」

「白鸚さん、キャバレーの酒席のタワムレと違いますか？」

「ま、いいじゃないか。今の私を見てごらん。予言は外れた。それに東京に戻った次回の舞台で、私はなにもできない坊やに戻ったんだ。そこで三回目の出演はならず。職を失い、それから四年というもの仕事がなかった」

「うわあ……」

（付記）新米をつかうには

泉和助（一九一九―七〇）はコメディアンとして仲間内では誰もが敬意を表する人だった。楽屋には当時テレビで売っていたスターコメディアンが多数訪ねてきて、ネタや台本をせがんでいた。

彼はミュージックホールのヌードショウの合間を縫って『船中殺人事件』なる台本を書くと、そこに登場する「怪しき貴婦人」「怪しき大金持ち」等々の末に「怪しきマジシャン」と書き加えて、それを私にふり当ててくれたのである。

ラ・クンパルシータに乗って登場するマジシャンの出に、私は大いに張り切った。顔の前に新聞を広げ、それを左右にずらし、鋭い目をギラリ……。

和助先生は探偵役で、私のそばを通り過ぎながら客に聞こえない声で、

「……三点……」

「?!……」

何回やっても点数は上がらなかった。中日を過ぎて、四〇回も工夫して、とうとうあきらめとふてくされで、なにもしないで出た。

「二〇点……」

やさしい声が耳元でささやいた。

私はすぐに楽屋の和助先生のところに文句を言いにいった。

「一生懸命やって三点で、何もしないで一〇点はなんでですか?!」


和助先生はケラケラ笑い、こう言った。

「あんたはね、台本に怪しいマジシャンと書いてあったから間違えたのさ。ね、怪しいマジシャンが『俺は怪しいぞ、怪しいぞ』って出てきたら面白くないでしょうが」

「うーん……それならもっと前に教えてくれたらいいのに……」

「あははは。でもね、あんた毎回違った出方するのね、俺、とっても面白かったよ」


新米にはホントに良い先生だった。この時にはまと外れだった新米の工夫が、いずれの時か、つぼにはまることもあるのだ。

で、この先生が次回の公演の時、新宿コマ劇場のコケラ落しに駆り出され、新米の高見君は一人ボッチになっちゃったのである。

その時、流行のハリー・ベラフォンテなぞを唄い、ヌード嬢の横で突っ立っている坊やなど、誰が見るものか。

失職四年

形だけでも一度は仕事になって、それが一転ただの男の子ってことで失格を自認したとなると、これはホントに辛いものです。でも、この失格の自認てのが大いに疑問だった。あのスタート時の「三つのあと押し」をウヌボレの種にできなかったのが大失敗。今思うと、新米の芸人なんてのはウヌボレの強いヒトの方がよろしい。それにこの稼業、ハナっからの独り旅で行こうなんて聞いたこともない。同じような仲間と群れて泳げば不運の痛手も薄まろうはずだ。

無為が半年も続くと、そりゃあ鬱々として来て「おーお、死にたくなって来たよ」と蒼い顔になってくる。

で、こういう時だ。どうしたわけかあのチャーリーさんが出てくるのだ。

「嘉明ちゃん。私、京都に用事がありますから一緒に行きませんか?」

二人で京都に行った。

親爺の用事が何だったかなんて、その息子は知ろうとも思わない。とにかく次の日、あいにくの雨模様だったが親爺は息子を金閣寺へ連れて行った。息子ひとりを前方に歩かせて、自分は息子にあわせて後からついて歩く。

道の両側のたけの高い草はぬれてだらしない。

「チェッ。つまんないの」

その時だった。広い池とその向うに金閣寺が現われた。

「……!!」

「なんと、人の手でこんな景色がつくれるのかねえ。それにしてもこれは贅沢な空間だよな」

と、これが最初の気持ち。だがこの思いのなかの「贅沢」が引っ掛かる。

「おい、お公家さんよ。俺は長屋の子だからアンタたちはキライ。だがなアンタたちの精神の贅沢さとやらは認めざるを得ない。口惜しいなあ。アンタたちは夜な夜なこんなところで遊んでいられたんだろう。そうだ、笛吹いて踊り踊って、水面の月を見て詩を詠んでお姫様とじゃれ合う。口惜しいなあ、口惜しい! 俺はそんな贅沢のゼの字も知らねえでここまでやって来た。このまんまじゃ死にきれない。で、今きめた。俺、もう少しガンバッて、アンタたちと張り合ってみらァ!」

こうして一回目の危機は去った。

金閣寺の御利益はすぐに去った。また鬱々として来る。

二回目のピンチを救ってくれたのはジョイスの『ダブリン市民』である。この本の中には私と同じような無気力人種がワンサカ出て来る。

「わあ、この人も俺と同じ。あ、これもそうだ。あれもこれもあれも……ウン?! でもみんな死なないよなァ、おっ、そうか、俺ももうちょっと生きてて良いか」

実に単純である。私はもともと死ぬ気なんてなかったに違いない。(笑って下さいな)

意気あがらぬ息子に反してチャーリーさんの仕事は順調だった。銀座、赤坂あたりのキャバレーやクラブが仕事場になると、派手な踊り子や曲芸師に混ざって、そのホンワカとした一人芸で客席はもちろん、一緒に演る仲間たちにも喜ばれていた。

仕事が増えれば鞄持ちの出番も多くなる。ところがここで妙なことにその鞄持ちがフロアに出て手伝うことにチャーリーさんが遠慮し始めていたのである。チャーリーさんは現場に着くや、いつにない鋭い目つきで辺りを検分し、検分しおわるや今度は急に顔をやわらげて、「嘉明ちゃん。今日は私一人で演れますから貴方はいいですよ」と言うのだった。

ある日のこと、控室でチャーリーさんとは旧知の間柄だったらしい足芸の名人に挨拶させられた。

「おう、立派な息子さんだわ。どんなこと演るのかな?」

「いやあ、このヒトはちゃんとひとりで演れますから、つまらないことにはもったいなくて使えません」

「おほう、これは失礼した」

名人は口を大きくとがらせると改めて私を眺め回した。私は思わず「ごめんなさい」とチャーリーさんの代わりに謝っていた。

このことがあってほどなくして私はお役御免となった。チャーリーさんが外国人の出稼ぎ芸人チームに招かれ、長い全国巡業の旅に出掛けるようになったからである。

「いやあ、よかった、よかった。これで嘉明ちゃんに鞄持ってもらわなくてすみます」

親爺はそう言った。


二五歳、心機一転して群れて泳ぐお魚たらんとして「東宝ミュージカル研究生」になる。トウの立ったのがハタチ前後のお魚ちゃんとバレエだの唄だのの基本を勉強するのはちょっと辛かった。だがこの有楽町の稽古場の窓の外にはあの「東京宝塚劇場」があり、この大劇場ではアメリカ製、日本製の「ミュージカル」を連発し始めていたのである。

「ミュージカル」……唄って、踊って、お芝居して……フフフフ、私、きっとそういう役者になりたかったんですよ。だから「ミュージカル」という言葉にはカラキシ弱かったのです。

研究生は半年もすると実習と称して、本物の舞台へ投入されることになった。

東京宝塚劇場!!

四公演ほどで錚々たる方たちを間近で見た。

越路吹雪氏、山田五十鈴氏、一七代(中村)勘三郎氏、エノケン氏、三木のり平氏……。別格の方たちだからおそれ入っていればいい。もちろんのこと新米の勉強の対象にできる方たちでもない。であれば一層のことお客様のように気楽に見ていればよい。いや今回はもっと間近に舞台袖からのぞけるのだ。

とても面白かった。

(一)勘三郎さんの背後、幕のうしろや時に装置の植え込みのかげに黒子さんが台本を持って右往左往してボソボソとプロンプ。

「え? なあに。なんだって……聞こえないよ。き・こ・え・な・い!……え、うん!」

直後に見事なセリフが客席に向けられ、私はプッと吹き出しそうになるのを押さえて感じ入っていた。でも、その黒子さんが毎回気の毒にもなっていた。

(二)「雲の上団五郎一座」なる年末公演での「玄冶店《げんやだな》」の場ののり平さんの与三郎が傑作だった。長火鉢の向うのお富姐さんに片ヒザを立てたあぐらで構え、そのヒザッ小僧をぐうっと下に押し下げて「いやさ、お富イー」ってところで押し下げていた手がはずれて足はぴよーんとはねあがる。これで客席は大爆笑。ぴよーん……ぴよーんで客は息も絶え絶え。この時客に見えない側の顔で間合いをはかるのり平さんの真剣さがすごかった。素の顔と客に見せる顔を瞬時のうちに入れ替えていた。ぴょん・ぴょん・ぴょぴょーんで笑い声を手玉にとると、客席は波のようにうねり、私はこの場面、この公演中のすべてを袖に通って見たのである。

ほかにも面白いことがたくさんあった。

だが……。

公演の実習が三回、四回と続くとこの面白さも少うし面白いとなり、それは「やがて哀しき」といった塩梅のものになった。だって研究生の役どころといったら……。

(一)舞踏会で踊る一〇組の男女。彼、彼女等が去ると女主人公登場。
　この一〇組の男女が研究生の役。

(二)山田五十鈴氏、勘三郎氏が長火鉢をはさんで会話中、ちょいと離れた格子戸の向うにヒトの気配……。この気配が私の役。姿を見せぬまま格子戸をガタピシさせ、ゴニョゴニョ呟けばヨロシイ。

(三)袴のサムライ一〇人。先頭ののり平氏のドッテーンに合わせて尻餅をつく。

(四)モンゴル騎兵隊、黒きマントで舞台後方を通過する。通過するのみ。

――そんなある日、大部屋の中年さんが騎兵隊をからかった。

「うふふふ。ワンサはワンサ。気楽でいいぜ。俺たちみたいに慣れちゃいな」

するかと、仲間の大部屋さんの一人がジロリと怖い目でその中年さんを睨んだ。確かにこんなからかいで自分とお仲間を貶めるのはよくない。ジロリとやったヒトには気概ってものが残っていたのだ。

この時私は自分にこういい聞かせていた。

「そうだよな。君はこのテに慣れちまわないとも限らないヒトだ。これでお給料もらえるとなると……そうだ、君はこの研究生から逃げ出した方がいいぜ」

噂が流れて来た。――あと二、三ヵ月すると研究生に契約書が提示され、従ってお給料が払われるだろう――。

「うわっ、本当かよ?!」、あの騎兵隊兵士が途端にオロオロした。せっかくの「キッパリとした決意」の直後にこれだ。それにその決意には「これでお給料もらえるとなると」なんて御丁寧な注解がついている。胸中のヒトリ言だから他人には聞かれていないが私は聞いちゃっている。

だが、今思うとあの注解がかえってよかったのかも知れない。「俺は金じゃ動かないんだよ」とサラリと一言。いえいえこれを何度も何度も自分に言い聞かせて意地を張っていた。でも、己のヤメル、ヤメタイなんてことは仲間には一切伝えていなかったから、まだまだ最後の決断までには至っていなかったのだろう。……う～ん、どうすればいいのかなァ……。

これよりちょっと前の時、私は先輩俳優のひとりに「五〇〇円貸してくれ」と言われて五〇〇円を渡していた。すぐに「おう可哀想、あんたもやられたのね。あいつは踏み倒しの名人よ」と聞かされ、言われてみると、こちらを避ける風もなく、会えば普通にニコニコして、でも五〇〇円のゴの字も言わず、さりとてこちらも「五〇〇円！」とも言えず、「なァるほど、千円でなく五〇〇円てところがミソかあ」となっていたのである。

あきらめ半分でいたのだが急に怒りが湧いて来た。ホラ、何であれこの時私は自分の意気を鼓舞させるものを求めていたのだ。

（おい、先輩さんよ。五〇〇円といや俺の大好きなタンメンの一〇杯分だ。（当時の五〇〇円がどの程度の金額だったのか換算して下さいな）でもねえ、俺はそれを我慢して三〇円のラーメンにしてるんだよ。俺は貧乏人よ。これまでテメエのような奴の術策にはまってかっこうつけてた自分が口惜しいね。いいか、今度は「五〇〇円!!」てやってやるぜェ!!）

楽屋入りの時間の楽屋口。たまたま数人の研究生仲間といるところで当の先輩を見つけた。

「すいませーん。あの五〇〇円、頂けませんかァ……」

先輩はギョッとして、それから「なんだこんなところで」といった顔で私を見た。私の頭の中が忙しく回転した。そしてそれは思いもよらぬキメゼリフを用意していたのである。

「ぼく、もう、ここをヤメるんです。ヤメるんですよう。ヤメますからァ」
呆気なく五〇〇円は戻った。あいては口惜しそうな顔で去った。私が周りを見ると仲間たち全員がポカーンとしていた。

これで仲間たちへの告知はおわった。「あと誰に言っとかなくちゃいけないのかな？……」

ここで改めて申し上げるが、この二六歳の男はこれまですべてが親がかりでやって来ていたのである。父親チャーリーさんは息子に大甘だからともかく、母親のおキンちゃんは「このヒト、ホントになんとかならないかしら」ぐらいは思っていて当然だから、その息子が目の前にぶらさがったお給料を捨てたと知ったらどうなるんだろう。それぐらいのことはこの息子にだって考えられるはずだ。……いやいや、それがそうはいかない。「決まっちゃったものは仕方ないね。今さら親に言ったって始まらないよ」でおわりになるのだった。
あと二ヵ月ほどで研究生とお別れであった。だから「元気になるぞう！」と自分に気合を入れた。きっと半分やけ気味みたいなもんだったんだろう。でも、本当に途方もない元気がやって来たのである。その元気なところにダンス上手な仲間が外の舞台の話を持って来た。「ハー

イ！」私は一瞬のためらいもなくそれに応じた。(大劇場での実習は次回の公演になかったから、そういう時は案外に自由だった)

売り出し中の音楽家とテレビ作家が「働く若者」のために作ったミュージカルで、いくつかの恋物語のバックに働く者と働かせる側のイザコザも交えて、少うし社会劇といったおもむきのものだった。

私たち数名のダンサーは胸に大きな時計をぶら下げて、働く者の労働効率を看視するといった役どころだった。看視員のデモンストレーションみたいなダンスは簡単で、だから私は得意な足さばきで勝負した。労働現場でイザ労働者と対峙する場ではさしたる演出もなかったから、本番では私の思いつくままに演った。

——つかれ切った若者がよろめきながら作業現場を離れようとする。私は黙ってその行く手をさえぎる。ここで数秒にらみ合う。(ホーラ、これが私の間合。ちょっとのり平さんみたいでしょ)そして若者が動こうとした瞬間、私は胸の時計をフーン・ワリ！と差し出す。ほかの看視員たちはグイッ！で演っていた。私のは、優越者の無情さを出したつもりなのだ。若者役の俳優さんはホントに見事にくずおれた。

幕間の休憩時間、楽屋に主演女優が駆け込んで来た。そして私を指差すとこう叫んだのである。「あなた。あなたはめっけもんですってよ。先生たちがベタボメよ。でね、I先生は自分とこの劇団に入って欲しいっておっしゃってるわよ。すごいわねえ」

(グフフフ。これで次に行く場所ができたぞ)

すごいね俺って。ま、こんなもんである。

(でもなあ高見君、どうせノボセルんなら四年前にそうなってりゃよかったよ……)


ある時にはあるもんだ。また仕事の話が舞い込んだ。今度はNHKテレビの『不思議なパック』と題する番組の最終回で、その主役を演ずるマイムの女王のフィナーレを飾るダンスに男が一人足りないからという話だった。

当時NHKは内幸町にあった。

テレビのスタディオに入るのは初めてだったから天井いっぱいに吊りさげられたライトの数にびっくりし、それを調整する人たち、その下で動き回る大きなカメラ。そこから延びる太いコードを操る助手さんたち。その向う側に小さなセットがあり、そこであのマイムの女王様がくねくね、ぱっぱっと動いていた。

私は自分の出番に緊張していた。

「あのさあ、高見ィ、三〇秒ぐらいだから心配するなよ。それよか、あのひと今夜が最終回だから悲しんでるぜ」

「大スターが悲しんだって、そりゃぜいたくってもんでしょ」

「まあね」

フィナーレは女王様を先頭にして八名ほどのダンサーが後方にひろがって踊った。私一人が本物のダンサーじゃなかったが、苦手な回転運動が振付になかったからとてもうまく踊れた。ダンスがおわって一瞬の後にスタディオ中に「お・つ・か・れさまァ!!」の声がひびいた。うまく踊れて私はにこにこしていたに違いない。だがスタディオの出口に差し掛かったところで急に淋しくなった。「これでこういうところともお別れだ。俺、また来るのはいつのことかなあ」

すっかり滅入ってスタディオを出ようとした。と、その時、そうその時まさしくあのミラクルともいえるべきものが私にやって来たのである。

「あ、あなた。お名前はなんていうの。実はね、この番組のあとに来る新番組の司会者を探していてね。今、拝見してててね、あなたをどうだろうかと思ったんだけど、やる気ありますすか？」

「ええ?!」

「音楽ものでね。ゲストは一流を揃えてですね。コーラスはダークダックス・ボニージャックス……」

次々に告げられるゲストたちの名前を私はうわの空で聞いていた。

（――ほら、こいつだ。こいつがあの世間で言う幸運てやつなんだ。なんてことだろう、ほんとにこういうことってあるんだぜ……）

「で、名前を聞かせて」

「高見嘉明」

「ヨシアキ……ヨシアキ……あ、嘉明さんて書くのね。で、それは芸名かしら」

「い、いいえ」

「あ、まだ芸名はなかったのね。いや、いいでしょう。それは皆で一度相談しましょ」

「あ、はい。お願いします」

私は今度はウットリし始めていた。（うわあ、俺、芸名がつくんだぜ。おうおう、これで俺……うわあ、一人前だァ！）

テレビの初期は知らない。だがこの時は番組の種類、数共に格段に増えていたと思う。でも受像機は高額なものだったから実のところ私の家にもテレビはなかった。

他人のうちに上がり込んで自分の見たいものを注文するのもはばかられる。話に聞いていたアメリカ物の『ペリー・コモ・ショー』だの『ダニー・ケイ・ショー』だのを見たいと思っていても、その時間に『プロレスアワー』なんてのがあると駄目だった。——そうだ、研究生の頃のあの時、私は週に一回か二週に一回、新橋駅で友人に会う約束があり、あの駅前広場には巨大なスクリーンがあって、そこにテレビのプロレスが映し出されて大勢の観客を集めていたのを覚えている。

ついでだが、この友人のことを話させて下さい。

あの戦争の時の疎開先、岐阜・笠松の小・中学校の同級生で韓国人。ずうっと仲良しで、終戦直後、韓国人に妙によそよそしい空気が流れた時も私たちは仲良しだった。

高校が別々になって、そして二人はいつの間にか東京と川崎のもとの地に戻って、それ以来ずーっと縁遠くなっていた。

彼は川崎で土建業の父親の代理で親方をつとめていて、急に私を訪ねて来た。そしてなんと私のフトコロ具合を知った途端、この私に千円のおこづかいを渡すために新橋駅まで来てくれていたのだ。

彼が黙って千円札を差し出すと、私は当たり前のようにそれを受け取ってポケットにしまい込んだ。この千円には面白いキマリがあって、サヨナラの時間になるとそこら辺のトリスバーに入って、彼はグラス一杯のウィスキーを一気にクイーッとやり(私は酒は駄目だから見ているだけ)、その勘定の五〇円か七〇円をその千円から払う。彼は私に大枚千円を差し出し、五〇円か七〇円ほどを取り戻して嬉しそうだった。私は「またな」と言い、彼は「うん」と優しい声で返事をすると電車に乗るのだった。

あ、ついでだからもう一人。私には彼女ができていた。このヒトは今のカミさんだが、帰途のバスが吉祥寺が始発ってことで、その吉祥寺でいつもあのおいしいタンメンの勘定を受け持ってくれた。私が受け持ったことは一度もない!

親がかかり、兄姉義姉がかかり、友人がかかり。私はずいぶんと優しいヒトたちに囲まれていたのだ。

「さて。高見君。大甘にしてのん気者、またそれ故に深ぁくナヤめる坊やよ。今度こそチャンスだ。NHKの帯番組の司会者だ！　芸名がつくんだ！」

……ガンバレルかなあ？

芸名

「ノッポさん。高見映《えい》って芸名、今じゃ通用しないでしょ」

「ああ、ノッポさんが通りが良けりゃ『知ってちょうだい、知ってちょうだい!!』って高見映にこだわることもない。現に近頃は『高見のっぽ』と名乗っているし、これだってノッポさんを見ていない世代には、叫んでも無駄だ」

「ああ可哀想」

「芸名ってものはもともとそういうものなのさ。有名なのが便利だから、映さんはノッポさんに席をゆずったってわけ」

「大体ですね、あの映さんってどう読ませようと思ってたんですか?」

「それが最初から問題だったのさ。プロデューサーと私、それに当時から高名だった脚本家の早坂暁氏と舞踊家の関矢幸雄氏の四人で相談してたのさ。『ええとォ、高見純ってのは有名な作家高見順さんと紛らわしい。これからは映像の時代だから映ってのはどうかな』『う〜ん、それをお客がどう読むかだな。ハユルというとなんだか頭がツルツルしてるみたいだし、ヒカルさんていうと、このヒトは光ってないし』てなことが延々と続いて、で私は面倒くさくなって、ちょいと親爺さんからの受け売りだけど、『あのお、芸名てのは少々妙ちきりんなものでも、そのヒトが偉くなったらそれらしくなるんでしょ。だったらなるかならぬか、初めの名前なんてどうでもえいですよ』と言ったんだ」

「あれ、まあ?!」

「すると二人の先生も面倒くさくなっていたと見えて、『おう、どうでもえいかァ、よーしそれでキマリだ!』とおっしゃった」

「簡単ねえ」

「母親のおキンちゃんは『変な名前だわ、ヨシアキじゃ駄目なの』と言ったが、チャーリーさんは自分の芸名だって取っかえ引っかえしてた人間だもの、息子の名前はどうでもヨロシイ。それよりも息子がテレビの司会役を射止めたのが嬉しくてにこにこしていた。

ま、とにかくこれで準備は整った。かくてNHK夕方の音楽番組『音楽特急列車』は新人司会者高見映君を乗せてピーピー、シュパポ、ピーポポオ!!」

「わ、かっこいい!」

「ああ、初回私はかなりうまく演った。相棒の女の子は名子役だったたし、ゲストは一流。そして何よりも私を喜ばせたのは、番組終了時のあいさつの前に、私は四人の羽根飾りのダンサーに囲まれてステップを踏んだのさ」

「なんたる出世だろう」

『音楽特急列車』

「『それでは皆さん、また来週！』とナマ放送がおわれば私はニコニコとなる。みんなの前であんまりニコニコするのもなんだからと言われたって……。そして次の日の朝まで寝ている間も私はニコニコしてたってわけさ。でもね、それはそう、一本の電話がかかってくるまでのことだった。一転私の顔はあおくなっていたのさ」

「ホウ?!」

「プロデューサーはオロオロ声でこう告げて来たのさ。局のお偉いさんが、『あの羽根飾りのダンサーたちは何のつもりか、わがＮＨＫにとって格調高き音楽番組をと思っているのにあれではレビューだ。まさに局辱ものだ!!』って……」

「局辱もの」と言われたシーン

「うひゃあ、局辱って言葉あるんですか」

「知るかそんなこと。……で、プロデューサーはクビになり、あの二人の先生たちはさっさとやめて私はヒトリぼっちになって。

こんなケチのついた番組が長続きするわけもない。この汽車ポッポは半年後に運行をやめたのさ」

「終着駅ってことでしょ」

「違うね。打ち切りってことだ。レールが消されたってことだな」

「がっかりしたでしょうね」

「いや、初回以降、格調高き者のつくる番組は私には全く面白くなかったから、むしろセイセイした」

「すると、おさらばしたんだ」

「いいや、それまでのおなじみの制作部屋にはよく顔を出したよ。何十人もの人がいてね。で中にはこの悲運の坊やにあわれみの視線を投げかける人もいるだろう。だがそこはぐっとこらえてだ……」

「わ、進歩してる」

「違うよ、理由があったのさ。私はね、司会業と時を同じくして、あのタンメンの彼女と正式に一緒になって阿佐ヶ谷の四畳半のアパートに住んでいたのさ。今カミさんに訊いてみると彼女のお給料は一万三千円ってところで家賃に四千円。私のギャラは一本一一二〇円。(七〇〇円のランクでリハーサル一回分につき二割が加算される。ウヒャー、三回分ついていたんだ)ホラ、汽車ポッポが止まったらこの私は家賃も受け持てないんだぜ」

「親がかり、兄姉義姉がかり、友人がかりから見りゃ、その意識だけでも進歩ですって」

「優しいディレクターがいたんだよ。次なる『こちらわんぱくテレビ局』なる番組に毎月の唄があるから、それを書けっていってくれたんだ」

「フーン、今度は作詞家ってこと……?!」

作詞家

さて、小さな四畳半には机よりも卓袱台《ちゃぶだい》が似合う。その上に原稿用紙を拡げて一人の作詞家が一行三〇〇〇円で依頼されたテレビの子ども番組の「毎月の唄」を書いている。

一番あたりが五行ほどで二番まで書きおえて改めて見直し、冒頭の二行、

「北風がぴゅう
　ぴゅう　ぴゅう　ぴゅう」

とあるところを、

「北風がぴゅう
　ぴゅう
　　ぴゅう
　　　ぴゅう」

と書き直して畳に引っくり返る。と思ったらすぐに起き直って、三番目を考え出す。

一番目の北風は田んぼの上を吹き抜け、二番目の北風は川面を吹き渡るものだったが、それ

に山から吹き降ろす北風を思いつき、それを一番目に据えることにしたのだ。

「でーきた、できた」と言って嬉しそうに笑う。

七行×三番×三〇〇円＝六三〇〇円!!

この作詞家のつくる唄は二番でオワルことはない。詩才は認める。だが行数の多さには時に首をひねる。

「北風がぴゅう」を依頼主に渡して二、三日して作詞家は呼び出される。

「あのね、君ィ。著作権部に一緒に行ってくれないか。あのぴゅう、ぴゅう、ぴゅうは一行にならないかって言ってるんだよ」

「ああ、行きます！」

この作詞家は勇ましく言い放つ。

「あのですね。あの北風は『ぴゅう　ぴゅう　ぴゅう』と一行で吹いてくるものでなく、あの時は三行に分かれて吹いてくるものなのです」

「あはァ、なるほど。ウフフフ、それじゃあそういうことにしましょう。それでは二番、三番はリフレインってことで行数には数えないってことで……」

「いいえ、山からのぴゅうと田んぼのぴゅう、そして川面を渡るぴゅうは、ぴゅうはぴゅうでも全く違うものなのです！」

「グフ、フフフ……。わかりましたァ！　いいでしょう、認めまーす」

作詞家はこの優しい著作権部の人の笑顔を心にしっかりと焼きつけたのだった。


一年間でいくつ唄を書いたのだろう。作詞料の積算は……。

ある日、彼のおカミさんが税務署からプンプンして帰って来る。

「あの役人、なんて言ったと思う。お宅のご主人、これ趣味でやってるの？ですってさ。本当に馬鹿にしてるわよ！」

ここには優しくない奴がいた。で、作詞家は思いつく限りの呪詛を並べてみせたのである。


とにもかくにも番組に「毎月の唄」一編を提供すると同時にそのシーンの構成・振付を兼任することで、家賃の分担をしてなおかつ少うしおつりも来た。おつりは晩御飯のおかずくらいにはなる。

週に二日ほど出向くこのＮＨＫの部局には朝方に幼児向け、夕方に青少年向けとする番組がたくさんあったのだが、それらはいずれも腕達者がレギュラーをつとめ、時に臨時雇いが必要とされても、それらの仕事は芸能事務所のマネージャーがいともやすやすとかっさらっていった。(残念ながらこの時、高見君は無所属で、いやいやこの時だけでなく、このヒトは生涯を芸能プロダクションの商品棚の上には置いてもらえなかった。後年、あのチャーリーさんが「惜しいことをしましたね。良いマネージャーさんがついていたら、貴方はもっと売れていたのにねえ」と一言あって、「そうかしら?」の息子の一言でおわっている)

週に五日間はヒマである。

四畳半には安物の蓄音機が一台あるだけで、テレビもラジオもなかったから、部屋で貸本屋で調達したミステリーを読み耽り、夜は高円寺まで行って「ナイトシアター」のチャンバラばかり観て過ごしていた。

いかになんでも稼業不振のヒトにしちゃのんき気に過ぎる。で、こののん気さにはお仕置きがあって当然だ。

一一月末、阿佐ヶ谷商店街の気の早い向きが「クリスマス商戦」と称して「ジングル・ベル」を鳴らし始める。あの唄には不思議な力があって「浮き浮きしなさいよう!」と誘うから最初のうちは「ハーイ!」となるが、一〇秒もすると浮き浮きできない身の上を改めて教えてくれて、それが一日中続くのだった。そして隣りの大家さんちのテレビで「幸せの笑顔でにぎわう銀座通り」なんぞがあの唄とともに流れると、私は大いにいじけるのだった。
私はこの唄「ジングル・ベル」が苦手である。後年、クリスマス・ショーに起用されても
「あのう、『赤鼻のトナカイ』じゃいけませんかァ」と言って演出家に妙な顔をされたものである。――とここまで書いて来て、今、私は正直メゲております。この章は矢っ張り他愛ない愚痴話になっておりますねえ。う〜ん、なんとかしなくちゃ……。
(付記……おマケのつもり、冗談のつもりだから読まないで結構です)

文中で「詩才は認める」なんて言ってるでしょう。私は相当高く買っているんですけど……。一〇年ほど前、あの有名なNHK『みんなのうた』で自作のバッタ爺さんが主人公の唄を三曲も立て続けに出して(「グラスホッパー物語」(二〇〇五年)、「ハーイ! グラスホッパー」(二〇〇七年)、「グラスホッパーからの手紙〜忘れないで〜」(二〇〇九年))、おまけにこの作詞家は自分で唄いましたからね……。いやいや、唄うのは詩才の有無を証明することにはならない……。じゃあこれだ。この時たまたま俳句の番組に呼ばれて自作の俳句を読まされたのですよ。
「雷鳴に飛ぶや一閃バッタの仔」

「椅子におちて腑におちたるかバッタの仔」

「道におちてと見こう見するバッタの仔」

「バッタの仔折戸の上で月見かな」

「草の葉一本折れたと見ればバッタの仔」

「こんなの何十句だって、一句一〇秒だよ」と作詞家は自慢します。その「一〇秒だよ」が事実であることを高見のっぽ氏は「認める」と証言しますが、ほかに証言者は一人もおりません。


ここで止めておきます。

芸談？

この時期、私はあの舞踊家にして私の名付け親である関矢氏を長とする舞踊家の交流会に、ただひとりの門外漢として参加させてもらっていた。すると早速、とても有名な女流宗家のリサイタルが歌舞伎座であるから手伝ってくれと関矢先生から言われた。「おっ、歌舞伎座かい！」と聞かされた当方はドキドキしたが、言った方にはさしたる風も感じられなかったから「そりゃそうだ、自分のリサイタルで大舞台は何度も経験ずみだもんなあ」と妙に感心した。

舞踊家というものがどういうものか、その時初めて知ったのだが、戦国絵巻のそれは、敗軍の若き武将とその奥方だか恋人だかの悲しい運命をつづったもので、紅蓮の炎につつまれた城を見て、愛しきひとの死を悟り、おんな主人公は大いに嘆いて自害し果てる。戦火に追われて逃げまどうひとびと、そのひとびとが去ったあと、ひゅうひゅうと無常の風の鳴る中へなぜ逃げおくれたのか乞食が三人。

この乞食が、関矢氏、太田順造氏(当時パントマイムの第一人者)、高見君三人の役どころだった。

女流宗家の大きな稽古場に一回だけ行って、なんだか知らないうちに合図があって、その稽古場の端から端まで歩いたらそれでおわりになった。ちゃんとした振付なんかがあると思っていたから拍子抜けした。

当日、楽屋で乞食になるのに悪戦苦闘した。さらしの布を体に巻きつけると、関矢氏や太田氏のするのをみならって、びりびりに引きさいた。あんまりびりびりにしたから白いパンツが見えるんじゃないかと心配したが、大皿に溶かされた砥の粉の茶色を体中にぬりたくった。ぼくにはかつらも頭巾も用意されていなかったから、余った布を頭に巻いて横にたらした。

ぼく以外の二人の乞食はそりゃあ見事なものだった。時折り会話する風に顔を寄せ合い、乞食だから怖いものなんかなしだよ、なんて思わせたかと思うと、一転して物音におびえて首をすくめ、関矢乞食なんかは落武者の刀を肩にかつぐと通りかかった御堂の格子の内をのぞき込む、その恰好のよさといったらなかった。

ろくに稽古しなかったわけがわかった。三人目が変な芝居をすると困るからということだったのだ。

二人があまりにも良いカタチで決めて見せたりするので「うわぁ、黒澤明の映画みたい」と余裕の出て来た私は「ぼくも何かやりたいなあ」と思った。

花道の途中に鎧の一部が落ちていた。ああ、こいつだ、こいつだ。こいつを杖の先でちょいと突っついてみせるんだ。それから首をかしげて、拾っていこうかな、って思案する……。顔をあげて、どんな事態になっているかがわかるまでに一瞬の間があった。満場の観客が息をこらしてぼくを見ているのに気づいた。息をこらして待っていられても、そいつは困る。ぼくは先を行くふたりの仲間に「おい、この鎧をどうしよう」ってふり返る……?! ヒャア、いない!!

行く手の揚げ幕はそよともしていなかった。するとぼくはたったひとりで、どれほどの時間、客の注視をあびていたのだろう。なんとも言いようのない恐怖がぼくを襲った。ぴょーんと跳びあがると、これ以上ないという素早さで揚げ幕の向うに逃げこんだ。

背後で湧き起った笑いと歓声。ぼくは身もちぢむ思いだった。やっぱり失敗しちゃったんだ。暗い向うをすかして見ると、二人の乞食が不審気にこちらを見ていた。ぼくはそそうをした犬みたいに後ずさりした。と、その時、背後のどよめきがものすごい拍手に変わったのだ。それは大げさじゃなく劇場中に鳴りひびいていた。そして、それはいつまで経っても鳴り止まないもんだから、あの二人の乞食は「はてな、この後に誰か出てくるんだったっけ?」てな顔をしていた。

「鎧を突っつく」という思いつきに至極御満悦になった坊やは、夜の部にも同じことを試みたが、今度は客席はぴくりともしなかった。

「さぞかし坊やは落胆したことだろうな」と皆さんは思うかも知れない。だがこの坊や、もうちょっと考え深いところがある。「そうだよなあ、あの恐怖の一瞬を演れたらなあと思ってたのに……演るのは大変だァ。俺は役者は駄目ですか……チェッ！」

ちなみにこの三人の乞食は、この劇の作者である北条秀司氏が「あの三人の乞食、来月の舞台に使うぞう！　契約しろ！」とおっしゃったそうだ。残念なことに関矢氏、太田氏はともに乗り気ではなかった。

残念、残念、私は残念！

残念――だが、ここで朗報がやって来た！

仕事が来た！

夕方の『魔法のじゅうたん』（司会・黒柳徹子）には三人の道化師が演ずるコントのコーナーがあった。この道化師の一人に空きができたのである。そしてこの前任者が朝方のあの有名な『ブーフーウー』の狼さんもやっていたから、そっちの狼さんの役も私にまわって来たのである。

前任者のやめる理由が本格的な俳優を目指して某有名新劇団の研究生になるためとあって、さすがにそういうヒトだから狼も道化師もとてもうまくやっていた。それに引きかえ後任の私がうまいのかどうかはわからない。要するに彼は背が高く、そしてこの私も高かったのである。オーオ、謙虚がちと過ぎた。道化師は私の方がうまいに決まっている。ただ狼さんの方は彼のように折り目正しくコワイ、コワイ狼さんを演じ切れるとは思っていなかった。私が演るとちょいと間抜けな狼さんになるだろう。

両番組は劇作家の飯沢匡先生のものだった。

先生が小さなお客様をどれほど大事にしているかは、そのお作りになるもの（絵本・お話・

テレビ番組)を見ていればわかる。

「さぞかし怖い先生なんだろうな」と心配していたら、なんと、最初に会ったのは私の道化師デビューの初回の収録の日だった。

フィルムで別撮りされるそのシーンのお題は「意地悪エレベーター」で、そのドアの開け閉めで道化師が翻弄される話だった。

たまたま私ヒトリの出番だったから、ドア係りのADさんと細かく打合せをし、「よーし、これで用意はできたぜ。おいら面白く演ってみせらあ!」と意気込んだ途端、ここで演出から「待ってえ!!」の声がかかったのである。

スタディオのドアの向うから大きなアームチェアが運び込まれ、隅っこの暗がりに降ろされた。

「先生が御覧になりまーす」

声とともに足早の人影がひとつ、その暗がりに消え、そして間髪を入れずに「用意、スタート!」

私の体は動いた。おわるまではちゃんと動いた。だが、おわった途端に硬直し、私はあの暗がりの方を見られなかった。するとその時、その暗がりからパチパチパチと拍手がきこえて来たのである。

後年、そう、二〇年もあとのことになるが、「あの時のパチパチって拍手ほど嬉しいものはなかったですよ」と先生に言ったら、「あら、そんなことありましたっけ」といともあっさりと言われてしまった。

狼さんの方は案の定、少し間抜けな狼さんになった。叱られるかなと思ったがそれもなく、また注文をつけられたことも一度もない。そして心なしか台本のなかでも狼さんがちょっぴりその感じを変えてきたように思えた。これも後年そのことを言ったら、いとも簡単に「当たり前でしょ、貴方の腕前とおツムであゝでもない、こうでもないって演られたら、こっちが迷惑ですよ」と言われてしまった。——なーるほど！

きびしいけれど、また、とても優しかった。私は先生が大好きだった。いや、今でも大好きである。


二九歳。週に三本のレギュラーは道化師が一本と狼さんが二本。あの作詞家兼振付師の番組はすでに終了。

三〇歳。道化師は終了。するとそれを穴埋めするかのように、チラリホラリと他の番組から臨時雇いの注文。

『ドレミファ船長』（友竹正則・小鳩くるみ）では、門番をやったと思ったら、次の次の次の週では大臣に昇格して、で、それからずうっと注文が来ないので「門番でいいんだけどォ」と思ったりしていた。

『ものしり博士』（熊倉一雄・上原ゆかり）では、その強固なレギュラー陣に背の高い男が必要とされた時だけ雇われた。年に数回で足りるようだった。

三一歳。狼さんはまだ続いていた。教育テレビにレギュラー一本。

『おじさんお話してよ』（小山田宗徳）では、名優のお話するその物語の中に出てくる主人公になって画面の中で動いてみせるのである。ある時はチョンマゲの町人。またある時は欲張り爺さん。鬼に神様に高下駄でタップを踏む天狗さん。小山田さんは面白がってくれたが、さすがに私が人魚姫になって岩の上に横たわった時には「うわァ、気味悪いなァ」と言っていた。

三二歳。狼さんは来年もあるだろうか？　天狗さんにまた会えるかな？……新しいのができないかなァ……。

さよう、テレビ番組なんてものは古風に申せば「よどみに浮かぶうたかたの……」みたいなもんである――ホーラ、私の言い様、ちょいと怪しくなってきている。そりゃそうだ。案外マジメなタイプだからどんな仕事にだって思い入れってものがある。ところが番組の素っ気ない消え方。当方の思い入れみたいなものもどこかへ消える。

「俺、なんにもないみたいだな、ああ、こりゃ駄目だ。俺は見込みはないぜ」

これがスランプというものだ。とうとうしまいにはあの大好きな狼さんにだって、「先生の台本とあの見事な狼の着ぐるみさえあれば、中身は誰がやろうと違いはないぜ」と。

本物のスランプって奴だ……。

呪文に乗ってやってきた

「ねえ、ノッポさん。ノッポさんには自分だけの呪文があるんですって？」

「ああ、自信喪失から立ち直るには恐ろしく効き目のある呪文だよ」

「教えて下さいよ」

「いやです」

「ケチですねえ。どうか教えてクダサイマセ」

「……まんざら、捨てたもんじゃない！」

「えっ?!」

「まんざら、捨てたもんじゃない」

「?!……」

あのションボリした高見君に二人のプロデューサーが声をかけてきた。

「あのね、四月からの新番組で音楽リズム物を始めたいの。貴方をメインにしてあとは若手の男女のダンサーで行きたいの。メインは貴方よ」

「ぼくの方は『造形番組』なんだけど、今までと違ってね、物を造る手順そのものよりも物を造ることの喜び楽しさを皆に感じてもらえたらなあってのが狙い。出る人間は君がひとり!!出る人間は君がひとり!!」

私が迷わず後者をえらんだので周囲の人たちはちょっと不審顔だったが、これは無理もない。どう見たって私は工作のおじさんよりはリズム遊びのお兄さんだ。

私を引きつけたのは「出る人間は君がひとり!!」だった。この時私は幸運にも自棄気味になっていたから、「どうせ見込みがない芸人なら、ヒトリでやって駄目って言ってもらおうじゃないか」と腹のうちでタンカを切っていたのである。

タンカのわりにはテスト版のフィルムの試写会では小型スクリーンがチカチカし始めると手で目を覆って、その指の隙間からのぞいていた。ところが、ところが……オッ?!……アラッ!!……なんと私はその画面で動くひょろりとした男が気に入ってきたのである。

試写室を出る時にはにこにこしていたはずだ。そして、そうだ、次の言葉を胸の内でつぶやいたとたん、私はすっかり立ち直っていた。

「まんざら、捨てたもんじゃないね!」

「おほう、それだア！」

「まんざらをつけて『捨てたもんじゃない』と言い切らないおくゆかしさがよろしい。それにこれを呪文として叫ぶ前にはちょいとした手続きが必要だったのですよ。フィルムの中の己のキラメキをまずは目にしなくちゃならない」

「うへえ、自分でキラメキにしちゃうの」

「おマケするんですよ。安易のソシリは免れませんがね。たとえばですよ。ジムに行ってマシンで五キロメートルを走るのを一〇キロメートルにしてフウフウ言ってる姿を鏡にうつして見る。そして頑張った己に『まんざら、捨てたもんじゃない』をやるんです」

「あーあ。もう結構ですう！」

「こうして放送が始まった『なにしてあそぼう』（一九六七年開始、作・山元護久、音楽・宮崎尚志、演出・北村達也、子熊の声・松島みのり）は実に斬新なものだった。全編一五分を音楽のみ

『なにしてあそぼう』

で通し、主演者はセリフなしのダンサー。

幕開けの空っぽのスタディオそのものがそれまでにないものだった。灯りが入ると椅子が一脚するするすべり出る。それを追ってステップを踏み、ジャンプし、その椅子を捕らえて腰をおろすダンサー。すると熊の子が『ノッポさーん、なにして遊ぶの？』と問い掛ける」

「わっ、出てきたなァ、その名前が……」

「想像してごらんよ。私はローラーで白い線を引きつつスタディオから出て、その白線は控え室の芸人たちの足の間をくぐり、化粧室を抜け、局内の廊下を走り、訪問客のいる玄関口で守衛さんに挨拶し、再びスタディオに戻ると、なんとそこには中空に懸かる三日月だ。ノッポさんは空中に線を延ばしつつそれをたどって三日月に着くと、それに腰をかけてからお得意の口笛を鳴らす」

「ほんとに楽しそうだなあ」

「一年目から評判が良かった。特にその風変わりな主演者が目を引いた。すぐ外からファッション・ショーの司会をやれなんて注文が来たがね。二年目、三年目とますます好評だった。——だけど四年目になろうとするところでオワルことになったんだ」

「えっ！　なんでぇ?!」

「新しく来た部長さんが自分で新番組を手がけたかったのさ。新番組は同じ造形番組でその名は『できるかな』」

「あら?!　それはノッポさんのでしょ」

「初めの一年は、私は出ていなくて、若者の男二人と女の子、三人の番組だったのさ。私は大いに悲しみ、でもそれを黙って見ている以外仕方なかったんだ」

「可哀想ですねえ」

「ところがその一年目が終ろうとする時、私はデスクに呼ばれたんだ。

『君ぃ、もう一度戻ってくれないか。あのね、お客さんの幼稚園や保育所の先生たちがね、「ノッポさんじゃなければ見ません」って言ってきてるんだ』

私に否やはない。先生達に感謝しながら戻ることにした」

「すごいな、すごい！　まるでドラマだ」


（付記）

この時、この呼び戻された番組がその後二〇年近くも続くものになろうとは、高見嘉明君も高見映君も全く気付いていなかった。特に映君の方はこの「ノッポさん」がいかなるモノか、また自分にとっていかなるヒトになっていくのか、そのことを少しも気にしていなかったのは実に不覚であったと……そうだよなあ、この時はそんなこと言っても無理だったろうなあ……。

閑話

池袋から地下鉄有楽町線の二つ目の千川駅が爺さんのいつも乗り降りするところ。今しもそこに降り立った爺さんは出先の仕事で疲れ切っているから、階段は敬遠して律儀にエレベーターに向かう。

先客にベビーカーのママがいるのを見て、爺さんの顔が急にホンワカとする。爺さんは赤ちゃんが好きだから幌の中をのぞきたいのだ。

無遠慮にのぞいちゃなんだから、乗り込んだついでといった感じでのぞける場所ににじり寄ると、ママの顔に用心が浮かぶ前に「わあ、可愛いなァ！」とそのママに言う。

「あ、ありがとうござい……あら?!……もしかして……あのォ、ノッポさん……?!」

爺さんは小さくコクンとやる。

エレベーターが地上につくと先に出たママとベビーカーは爺さんを待っていてくれる。そしてママはひどくマジメな顔つきで、「お元気そうで何よりです。これからもずっとずうっとお元気でいて下さい」と言って丁寧に頭を下げる。そこで爺さんの方も「どうもありがとう」と言って丁寧に頭を下げる。

八二歳の爺さんにはごひいきの蕎麦屋がある。週に何度となく夕食に出かけてはカケ蕎麦に天麩羅少々をつけ、それから店の主人に「怒らない？」と断ってから生玉子一コを蕎麦つゆに溶き入れて食べるのである。

今夜もそうしていた。すると向うのお勘定のところが妙に騒がしい。見ると二人の御婦人が金を払いながら体を小突き合い、そして二人の目はチラチラと爺さんをうかがっている。すぐに自分たちの代表者がきまったらしい。一人が爺さんに駆け寄ると「ノッポさんでしょ？　ノッポさんですよね。ね、ね」。そして、爺さんの小さなコクンを見るや否や、

「やっぱり、そうよう!!!」

「うわーい！　握手してくださーい！」

そのむじゃきな大声に爺さんも腹をすえる。

「いやあ、二人とも大きくなられました。ええとォ、おいくつになられましたか？」

「五十ウン歳でーす」

「ヨロシイ！　握手じゃおもしろくない。今日はイイコ、イイコをしてあげるから頭を出し

なさい！」

「ハーイ」

差し出された二つの頭を爺さんがナデナデすると二人の御婦人は身も世もあらぬといった風情で身をよじる。


二〇一六年の年末です。両国の江戸東京博物館のホールで「よみがえる天勝の世界――無声映画『瀧の白糸』と奇術」と題された催し物に招待されて出かけて行った。招待された理由は、その催し物の中心が「松旭斎天勝」であり、するとその一座の中に松旭斎天秀と名乗ったわが親爺殿がいるじゃありませんか。その上、同時に上映されるフィルムに『天勝の水芸』とか、もう一つ、溝口健二監督、入江たか子主演の『瀧の白糸』とあって、私は大喜びだったのである。

最前列の招待席に坐らされた私を司会者がこう紹介した。

「ええ、皆さん。今日はあの著名なノッポさんがいらしておられます。ノッポさんのお父様は本日の主題となっております『天勝一座』で松旭斎天秀と名乗っておられたのです」

「著名なノッポさん」と紹介されたので私はお返しをしなければならない。見渡す場内には親愛の笑顔も多かったから、「ようし、挨拶がわりにタップダンスを行きますぞう」と構えたとたん、「では御紹介も了りましたので、いよいよ映画の上映とまいります」。

私はヘナヘナして座席に落ちた。

終演後のロビーで私は助かった。二人、三人、五人とやって来た客が口々に、

「せっかく、なにか演ってくれそうで、楽しいなと思ったとたんにあれだ。あの司会者なにやってんだい！」

私は司会者さんを弁護するために汗をかいた。

「あのね、あのね、あの司会者さんはお年を召していらっしゃるからね、ノッポさんってなにをするヒトかなんて御存知ないのよ。怒っちゃ気の毒ですね」

とりとめのない話を三つ並べて、でも、これがあの『できるかな』のノッポさんが終了してから三〇年も経ったところですからね……三〇年、三〇年ですよ！……すると始まったのは、さよう！　五〇年前です。

なるほど、勘定は合いますね。最初期に四歳だったお客様は「五十ウン歳でーす」となるし、最後期のお客様はベビーカーのママとなる。でも、でもやっぱり終ってから三〇年だ。正直に

言いますよ、私はノッポさんと呼ばれ素直に喜んでいますよ。でも、それは呼ばれたことより、そのときあの小さい頃に戻ってかわいくなっている人たちを見るのが嬉しいからです。

ノッポさんの秘密　その1

高見家は末子のブキッチョ嘉明君を除いてはみな器用である。親爺殿のマジシャンの指先はもちろんのこと、あのミカン箱製の蓄音機を見てもわかる。美容器具製造業の長兄はペンチと螺子回しを持たせれば迷路のような配線を小箱の中に画けるし、美容師の姉は和裁のタチ鋏で弟の頭を刈り込めば理髪屋さんハダシだ。母親のおキンちゃんだって、元相撲茶屋の娘にしちゃ縫い針を持たせればヒトが頼みに来ていた――が、このおキンちゃんがその不用意な一言で嘉明ちゃんをブキッチョの淵に追い込むのである。

弟は兄さんの作ったゴム動力のヒコーキの飛翔に目を奪われると、早速竹ヒゴをローソクで炙った。だが竹ヒゴのカーブは設計図のカーブとは全く合わなかったから、この弟は仕損じた竹ヒゴの山の中に埋まっていたのである。

「プッ、キャハハハハ。あんたみたいなブキッチョな子、見たことないわぁ！」

通りがかったおキンちゃんの一言がその小さな息子を打ちのめした。息子は泣きべそをかきながら竹ヒゴの残骸をゴミ箱に捨てに行き、そしてついでにおのれの指先への希望というものも捨てさったのである。

通信簿の図工の欄は通して可である。

工作の宿題は全て親爺殿の代作で賄っていた。だが親爺殿は程度というものを弁えていなかったから、夏休み明けにその息子が学校に持参したのは実に見事な跳開橋の勝鬨橋であった。さすがに先生がタメ息をついた。すぐさま息子は親爺殿への依頼はやめた。だが自作の提出もすることはなかった。叱られて廊下にたたされる方を選んだのだ。

図画に関しては最初の一枚が不運だった。小学校一年生の父兄参観日がたまたま絵の時間だったが、この息子はそれまでに人間を描いたことがなかったから、腕が肩からどのように伸びているものか、そして胴から脚がどのように枝わかれしているものか、何度描いても恰好にならなかった。そこでこの息子は賢明にも袖のないマント風の雨合羽を着せることにしたのである。ついでに頭にも三角形の頭巾をかぶせた。

「はい、お父さん、お母さんに見てもらいなさーい」

参観に来ていたのは親爺殿であった。不運にもこの親爺殿には息子の描いたイメージは通用しなかった。画用紙は何度か引っくり返して見直された後、

「嘉明ちゃん、嘉明ちゃん……これ……イカのお化けですか」

これは見事な「トドメの一撃」であった。で、それ以後絵は描かなかったのである。——このひとが造形番組のテレビ画面上の主宰者になったというわけだ。

●セロハンテープ

「ブキッチョだから、ブキッチョだからって、そんなこと自慢してちゃ困るんだよなあ。セロハンテープぐらいちゃんと貼ってよ。……あーあ、それじゃ駄目ですって。セロハンテープはそこに置けばいいってもんじゃないでしょ。ちゃんと指、爪の先で擦りつけてとめるんですって。……そう、それでいい……あれぇ?! 何ではがれちゃうの。どうして、どうしてはがれちゃうんですか」

「うるさいな君は! 君はだいたいわかってないんだよ。な、年季の入ったブキッチョってもんがどういうものか、実にまったく、悲しいくらいわかってないんだ。よく見ろよ、これを。貼り合わせの接点にテープがきちんとのってりゃ、そりゃ文句なしさ。俺だってそのくらいのことはわかるよ。だから慎重に狙いを定めてテープをおろしていく。だがな、こんな長目なところを伸ばしていくと、途中からものの見事に斜めに進んでいくんだ。結果はどうなるかっていうと、初めの三分の二あたりはかすかに引っかかっていて、おわりの三分の一は、テープは

『できるかな』のメンバー．左から造形指導の枝常弘，ノッポさん，ゴン太君，声のつかせのりこ．

片側だけにのってるってわけだ」

「それだけわかってるんなら、斜めにずれだした時に、いったん止めて、やり直せばいいでしょ」

「馬鹿だね、君は。それができりゃ、ブキッチョとはいわないの。ああずれていく、ずれいていく、と悲しみつつもだね、そこで止めず、修正することにあらん限りの努力をしても、破滅的な結果に至る、これがブキッチョのブキッチョたるところじゃないか。君は俺と何年一緒にやってるんだよ。もう、いいかげんわかってもよさそうだぜ」

「あーあ」

――リハーサル室でのこうしたやり

とりは、それこそ二〇年の長きにわたって、あきらめきれぬ造形指導の枝常《えだつね》弘氏とおのれの能力に関してあきらめきった私との間に何度となく繰り返された。(枝常氏は私の師匠である。しかし彼は私を弟子にした覚えはないという)

一枚の厚紙を円筒にするのは難物中の難物で、はじけようとするのを仮どめなんぞでだましながら、セロハンテープでおとなしくさせるのは大変だった。

だが、この難関を前に平然としている主演者に枝常氏を長とするスタッフがいぶかし気にしていると、彼はこともなげな口調でこう言った。

「あのさあ、ちゃんとしたのを一本こしらえてね、机の下に置いとくのよ」

「?!……で、どうするんです」

「なあに、私のは信用がおけない。だからそいつがはじけないうちに、私の喜びに乗ってそいつは私の掌の上、肩の上、頭の上で踊るのさ、そして調子に乗って机のかげに落ちるんですよ。で、拾い上げてくれれば、それは信用のできる、ちゃんとしたやつってこと」

「あーあ」

スタッフはため息をつきながらも、みんな優しかった。でも彼らは美大、芸大の出、あるいは在学中の達人ばかりだったから、本物のブキッチョとはどんなものかを真に理解することはなかった。

時々不注意なひとりが「あれえ、こんなことできなかったんでしたっけ」と口に出した。口に出してから「しまった！」と思ってももうおそい。そいつは、必ず私の演説を拝聴しなければならないはめになった。

「おい、よく聞けよ。もし、俺のテが器用だったら、この番組はとっくの昔におわっていただろうよ。不器用だからこそ、俺はいつもいつも真剣に作業をしなければならなかったんだ。工作をしている時に俺がにこにこしてた時が今まであったかね。ないよな。もしにこにこしていたとすると、苦手なセロハンテープやカッターナイフをなんとかこなして、それでほんとうにうれしくなって笑ったんだ。一生懸命やるってことはタイヘンなことなんだ。そしてそれを長い間このテがあったおかげで否応なく一生懸命になれたんだからほんとうに幸せだったんだ。ひとつ仕事をこんなに長くやってみろ、どんな奴でもたるんでくる。そいつをかなりな割合で食い止めてくれたのがこのブキッチョだったのさ。毎回毎回真剣だってことは見ているお客さんにだって伝わるんだぜ。だから喜んで見ていてくれるんだな、こいつのおかげだよ、こいつの。こいつのおかげで、番組は続いてるんだよ。……ああ、もしもし、おわかりになりましたでしょうか」

私は最後の方を猫なで声でやる。すると怖くなった相手は必ずこう答える。

「はい、わかりました」

「ありがとうね。でもさ、みんながすごいひとばっかりだから、俺みたいなものでも通用するんだよな。俺はさ、画面に出て、いいところばっかりとってて、そのくせ、つまんないことで手間ばかりかけてて、ほんとうに申しわけないと思ってるよ。ごめんね」

「あーあ……はいはい」

カッターナイフ

リハーサル室で、おやつのリンゴの皮むきをしているぼくを見て、スタッフは暗い気分になった。彼らは額を寄せ集めて、かげでこそこそやると、

「ああ、カッターナイフは今回は割愛します。ノッポさんはナイフを画面に見せて、これで切ったんですよ、ってやってください」

ムッとしたぼくは、俺のことならそんな心配は無用にしてもらいたいと叫ぶ。そういえばぼくは最近になって、こんなことを聞いた。

「ノッポさんはさ、血だらけだったんだよ。それで工作も真っ赤になっててね。それでもね、ダラダラ血を流しながらやってたんだぜ」

ぼくはほんのちょっと指先をけずっただけだ。その一滴が紙にくっついたんだろう。でも、今は大きくなったこのお客様は、小さい頃に見たノッポさんを血だらけのひととして覚えていてくれたのだ。

カッターナイフの使用回数は二〇年間で極端に少ない。

●テグス

こんなのを結んでつなぎ合わせろと言ったってそれは無理というもんだ。仕方がないからタコ糸でオマケしてやるとスタッフが言った。

「それじゃあオマケにならない」

ぼくは鼻の先でせせら笑った。仕方がないから、タコ糸の先に針金でフックをつけておいてやるということになった。

「見ろ、工夫すればできるじゃないか」とぼくは言った。

ぼくは釣りが大好きだが、誰かに連れていってもらわないことには無理だ。根がかりなどで釣り針をなくしたが最後、ぼくひとりではそこでおわりになる。連れていってくれたひとの厚意に甘えることになるのだが、二度も面倒をかけると申し訳なくなる。「高見さん、針は大丈夫ですか」と心配させるのもなんだから、針のないまま餌をつける真似をして糸を垂れる。一五分か二〇分をそうしておいて、「すみません」とお願いする。

●輪ゴム

輪ゴムをつないでクサリにする。番組中一〇個のノルマのうち八個でおわっても、スタッフは拍手をしてくれて、ぼくはその拍手をまことに誇らしい気持ちで受納する。

（枝常氏の証言）一〇個のうち八個をつないでおいて、あと二個を追加すればすむというように配慮したはずだ。

●ロープ

一度結んだものは絶対にほどけるとは思えない。ほどけるように結ぶことはできる。でも、そいつはほどく必要のない時にほどけてくるから始末が悪い。

親爺が一度電話をしてきたことがある。

「今度うちへ帰ってきたら、蝶結びってのをちゃんと教えてあげるよ。今日のテレビ、あんたの違ってましたよ。あれじゃ子どもに笑われちゃうからねえ」

●紙を折る

きちんと折ることはできる。両側をぴったりに折り合わせることもできる。ただし、ひとの三倍くらいの時間をかけてのことだ。ぼくの仕事は非常に良心的なものなのだ……。

ああ、もうこのくらいにしておこう。

ぼくは……ぼくは……ぼくは……ぼくはとにかくうまくやったのだ！(以上一部割愛)

クスリ
クラッカー
ビスケッ

みかん
ビスケット
ティシュー

『できるかな』スターパレード

造形番組といわれているんだから、その番組に登場する工作物、「作りもの君」を主演者と奉じ、残るノッポ、ゴン太、声ののこ姉ちゃんをひとからげにして共演トリオとへりくだっておく。なあに構わない。現に工作担当ノッポとその助手ゴン太は、その工作物が自分たちからはなれた途端に「ウワッ?! すごいヒトが出てきたよ」とその「作りもの君」に目を丸くしていたのである。

声ののこちゃんだって彼女独自のきめごとを持っていた。リハーサルでは「作りもの君」を見ることを拒否した。

「いやーっ!! 見せないでぇ!! 見ないって言ってるでしょうが。何度言ったらわかるのよ、私はそれを本番で初めて見て、それこそ本当に『キャーッ、すてき、すごい、面白い!』ってやりたいのよう」

このトリオはかくのごとく、この主演者に敬意を払い、それよりなにより文句なしに大好きだったのである。

●ノッポさん

「ねえノッポさん、いつも工作場面を拝見していて思うんですが、ノッポさんは顔は笑っているのに目が笑っていませんね。なんか変に冷たいヒトに見えてねえ」

「おーお、心ないおっしゃりようですね。工作をする時、私には笑う余裕はない。全身全霊を込めて工作をする。目は笑わない。おお、そうだ、代りにブキッチョな指がワラウ。フーンだ」

●ゴン太君

ノッポさんとゴン太君の仲は喧嘩友だちということになる。そうしておくと、遊びのなかの競い合いだって気合いが入って面白い。

「ゴゴゴゴ(ぼくの方が上手に遊べるよ)」とゴン太君が言うと、「おや、そうですか、じゃあ、こんな風におやりになれますか」。身体的な有利さを生かして、スイスイと新しい遊びを工夫する。そして「作りもの君」が二人の間に「ゲームをどうぞ!」なんて形で現われると、あくどいノッポさんは勝ち続けた。

こんな時、スタディオにはゴン太君(井村淳さん)の奥さんがつきそいで来ていたから、

「ねえ、お願いだからたまには負けてやってよう!!

……ねえ、負けてやって~!!」

と悲痛な叫びがひびいた。

ノッポさんはニコニコ笑いながらその叫び声を無視した。何故かというと、横にいるゴン太君の中から聞こえてくるおきまりの声を待っていたのである。

「うるさい！　黙っとれ!!」

奥さんへの叱声であった。

この二人、もうイイトシをしたおじさんだったのだが、二人そろってこうきめていたのである。

「テレビの前の諸君！　私たちは、いつもホントの本気でやっとります！」

●のこお姉さん

裏方の造形スタッフには失敗は許されない。彼らは万全の準備をする。にもかかわらず肝心な画面上でノッポさんがやり損なう。困ったものだ……。ところがノッポさんだけには彼の「ホントの本気」の仕事のあとだから小さな失敗ならそ

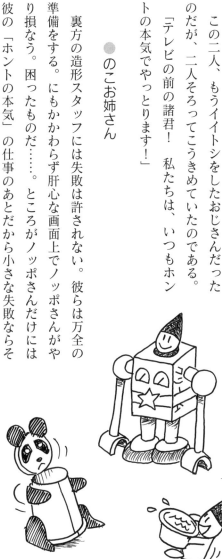

れもありか、ってことでとても寛大だった。もっとも、ノッポさんに言わせれば「当り前だよ。おいら、失敗を失敗とせずってくらいの芸はあらァ！」とのぼせていたのだが……。いえね、本当はといえば、毎回その危機をすくってくれたお嬢さんがいたのである。

つかせのりこさん。のこ姉さんはとても賢い女の子で、この章の冒頭でのべたように「その時初めて見て、本当の叫び声を聞かせたいのよう」とこの番組に打ってつけのやり方を考えていたかと思うと、時には私のところに来てボクシング用語についてアレコレ聞き出し、しばらく一人になって机の上でペンを走らせていたかと思うと再びやって来て、「明日の二人のボクシングは、アナウンサーの実況放送でやりたいの。ジャブだのフックだの急にやられてもわからないから、私

の書いた通りの順番でパンチを繰り出して下さい。ジャブ・フック・ジャブ・アッパー・ストレート。ジャブ・フック・ジャブ・アッパー・ストレート……」。

「ちょっと待て！」

「ハア?!」

「アナウンサーに合わせるボクサーはおらん!!」

「……」


用意するのこ姉さんもいた。だが用意しないのこ姉さんがいつもノッポさんを助けてくれていたのである。


画面上の工作タイムには実に素直な感想が寄せられた。

「あら、ノッポさん、それじゃ違うと思うけど？……ホラ、言うこと聞いてよう……わあ、やっちゃった！」

「七〇点！　ギリギリ合格！　次、ガンバルウ!!」
「素晴らしいドーム球場ができましたァ！？？？　あら、どうして手で押さえてるの？……手を離してよ。………わあ、天井がとんじゃうのォ。じゃ、そのままで今日はいい」
「万歳、バンザーイ、ノッポさんは工作の名人でーす。世界一のヒトでーす!!」
——のこちゃん、ありがとう。君はいつも私を助けてくれた。

もう一ついきましょう、あれは紙コップの愛らしいタコ君をたくさん作って、いよいよそのタコ君の代表が私の手によって命を吹きこまれようとしていた時でした。ロック・ミュージックに乗ってステージに登場し、お客様のおチビさんに御挨拶……。

なんと口を止めていたテープがはがれて、口は顔の前でブラン、ブラン、ブラン。NGだ！　これはNGだ。いくらなんでもこんなに可愛いタコ君をこれほど悲しい姿におとしめて、これはノッポさんNGだよ。

と、その時、それはまさに間髪を入れずといった感じで、頭上から可愛い声がきこえて来たのです。

「ホ、フガフガ、おクチがトヘちゃった。ファーファー、ボクはタホのタホ八でーフ」

息を呑んでいたスタディオにクスクス笑いが聞かれると、それで危機は去った。


後日談がある。つい先頃、たまたま知り合った幼稚園の先生にいわれた。

「ホラ、お口がとれたタコさんがいたでしょ。可愛くフガフガやって、私、あのタコさんのことよく覚えていますわ」


番組は二〇年。トリオのチーム・ワークは完ぺきだった。番組がおわって三〇年、今はもう高見君以外の二人はいない——いや、私にはいなくなってない。二人はいます。

ノッポさんの秘密　その2

小学校一年の父兄参観日に、自分の描いた雨合羽の人物像をイカのお化けにされて絵を描くことをあきらめたおチビさんは、それでも中学校の写生の時間にも一度だけ絵を試みた。

疎開先の岐阜の笠松という町は木曽川べりにあった。川辺の堤防はちょっと枝分かれして、一方は町の方に入り込み、その二本の堤防の間にあの有名な「笠松競馬場」があった。競馬場をのぞむ堤防に坐ると、その下方を岐阜から名古屋へとつなぐ「名岐線」なるレールが走っていた。

これはうますぎる

腰をおろした堤のすぐ下を電車の線路が右の方へゆるくカーブしながら走っている。はるか向こうに小さな駅が見える。画用紙の左側に木を引っかけて描こう、中学生のぼくはそう狙いを定めた。

木の枝の中からのびて出る架線と下方のレールが遠方に行くに従って、まさに遠近法のお手本のようにおたがいの間隔をせばめていく……とてもいい感じだ。おっと、手前の木に色をぬるのが先決だな……ペタペタペタ……なかなかのもんだ。これなら先生だって文句は言うまい。……レールは銀色に輝き、架線は黒く……うまいもんだ。おや、もう時間がなくなるぞ……うわぁ、いけねえ、向こうの方まで架線とレールをのばさなくちゃ……遠近法、遠近法……

？？？　あれぇ?!

最初に固定されたカーブに従ってのびていくと、レールはどうしても架線に交差して、最後はレールが架線の上を走るようになった。これじゃあ、電車がやってきたら、ワタシャどっちの線の上を走ればいいのってことになる。

過失はささやかなものに思えた。ぼくは直しにとりかかった。確かに架線とレールは、電車を困惑させない正常さをすぐに取りもどした。しかし、そのレールに乗って走っていけば、電車は向うの駅の上空何メートルかのところに停車しなければならなくなった。あっちを直せばこっちが破綻し、こっちに継ぎをあてれば向こうがほころびる。

石屋の息子が絵の上手な奴だったから、その描き損じを一枚もらって、ぼくはそれに名前を書いて提出した。

誓って申し上げるが、ぼくの絵画活動は二枚ですべてだ。あとはどうやって絵の時間を過ごしてきたか、今もって不思議なくらいだ。

そして、そのぼくが造形番組のホストときてる。

番組のスタッフ全員があきれ返った。文字通り全員なのは、真っ先にあきれ返ったのがご当人だったからだ。

五〇年前、番組スタートの時、猫とねずみを描かされた。それを前にして、ぼくと造形指導の枝常氏はしばしの沈黙の時間を持った。

「お客様が四、五歳だからなあ。こりゃ、程度としちゃ七歳くらいかな」

ぼくが枝常氏にたずねると、

「お客様には憧れの絵描きさんでなくちゃ困ると思うんだ。同程度でも問題なのに、自分よりヘタクソな絵描きさんの絵を見てくれるとは思えないよ。よし、なんとかしよう！」

「そうだ、なんとかしよう！……なんとかしてくれたまえ」

そして、ノッポさんは子どもたちにとって、それはそれは素晴らしい絵描きさんになった。

これはぼくと枝常氏の努力の結果なのだ。すべては努力、努力の賜物なのだ——どっちがたくさん、そしてどのように努力したかは言うまい。

線

測量、という言葉など使うと、専門家に叱られるかもしれないが、物の形を線ですらすらと紙の上に固定できるひとは、この測量(土地の形、面積などを測り、図面を作ること)の技術に長《た》けているんじゃないかと思う。紙の上に固定する前に、たぶん頭の中に正確な図面が描けていて、そうでなければあんなに自由に縮小拡大ができるはずがない。もっともこの縮小拡大の部分で、訓練したひととそうでないひとには大きな違いがあるんだろうが。

ぼくがなぜに測量なんていう言葉を持ちだしてきたかというと、そのものずばり、頭の中に地図が描けないぼくは、世にも珍しいほどの方向音痴で、そして気がついてみると、周りの芸術家たち(スタッフはみんな芸大や美大の出身者)は揃ってドライブの達人ばかり。よく聞いてみると、知らない道を走っていても、大ざっぱだが地図が頭の中に描けるから迷わない、そう答える。

道がどのような角度でカーブしていたか、彼らは目でみたままの線を頭の中に固定できる。それに引き替え、このぼくは四五度だろうが九〇度だろうが、とにかく道は曲がったのだというところで認識する。

「ノッポさん。ノッポさん、そうじゃないでしょ。キリンが長いくびをちょいと前に曲げてるんですよ」

「ああ、曲げてるじゃないか」

「やだなあ。それじゃ折れてると思われちゃうよ。どうしてぼくの見本見てそうなるんですか?」

こうなるのも無理はなかったのだ。

色

着るものの色の取り合わせなど、ぼくは見事なもんだ。しかし、絵の具の混ぜ合わせとなると、番組の中で何度も試みたにもかかわらず覚えられなかった。

ぼくは、これでも絵を鑑賞することは好きだ。気に入った絵があれば、その前で一時間やそこらものおもいにふけることだってできる。

一度だけ、絵の具を買ってきてもらって、家で絵を描こうとした。一晩やってみて、翌日のリハーサル室で、ぼくはみんなに言った。

「なあ、いろんな色を重ねていくと、おしまいにゃどぶねずみ色になるんだなあ。あれにはびっくりしたぜ。あははは」
「今ごろびっくりしてるんじゃ、世話はないや」

●再び、線について

あんまり自分のことを卑下するのも厭味だから、今度はいかにぼくがすごかったか、それをお話してこの項をおわりにする。

大きな白いパネルをキャンバスにして、でたらめに筆を走らせることは天下一品だった。キャンバスの前に立った時は初めふるえている。絵の具をたっぷり含ませたが最後、その筆を一センチだって動かせそうにない。スタッフが声をかけて勇気づけてくれるが、そんなので気が楽になるはずもない。白いキャンバスに予備はない。と、その時、いつも音楽が鳴り始めたのだ。

そう、ぼくには音楽という強い味方があったのだ。

音楽に乗り損ねるのは、リズム感を誇るタップダンサーとしてはこれ以上はないという恥ずかしいことだった。軽やかなジャズのリズムがぼくを自由にする。筆の動きにはなんのためらいもない。すると、その筆先から生まれる線にもこれまた一切のためらいがない。まさにそんな感じだったのだ。

太かろうが細かろうが、かすれようがにじもうが、線の行き先は筆にきいてくれ、俺は知らないぜ、とぼくは唄って(?)いた。

「ノッポさんは素晴らしい線で絵を描きますね。実に絵がうまいです」

日展の審査員であった先生(木下繁氏)が言ってくださった。

「あ、ありがとうございます」

ぼくは素直に礼を言っておいた。

そうなんだ。ぼくは線だけなら、音楽さえあればいつだってやってみせる。

……昔は、威張って自慢してましたなあ……。

あけてびっくり・行李の中

面白いものです。芸名君がお気に入りの役を得て意気盛んってことになれば、本名君の方はひっそりとしてます。

前期三年、一年休憩して後期のノッポさん——心配していた通りになりましたな。今度は映君がひっそり。映君がおのれの持ち役だと思っていた「ノッポさん」がお殿様になっていたんですね。

「余計な仕事をして、ノッポさんを失《な》くしちゃったら元も子もないよ」と計算しているうちは映君は残っているが、「ノッポさんの持つイメージは崩しちゃならん！」ときめ込めば、これはもう映君も消える。

弱気な性格だけは映君から立派に引き継いだノッポさんは失敗を恐れるあまり、来る仕事、来る仕事を片っ端からことわった。

横を通り過ぎて行くちょいとしたギャラの代わりには、子どもの唄だの短いショー台本だのの吹けば飛ぶよな原稿料が言い訳になった。

三七歳もおわろうかとする頃。

突然、あの嘉明君が現れると、すっかり影をひそめていた映君に話の口火を切った。

「おい、あんたはだあれ？」

「？？？　だあれって、ノッポさんだろうが」

「それだけかい？」

「それだけかいって、それだけで悪いのかよ」

「どうした？　映君ってのはもうちょっと何かできないのかよ」

「うるせえなあ」

「俺ね、親切で言ってるんだぜ」

「だから、うるせえっての。黙んな！」

「なんだ、黙んなとはなんだよう！」

すさまじい喧嘩になった。そして、そして……なんと、これがその後、昼夜をわかたず繰り返される相克の、といったあんばいになった。

どちらかというと映君の方が分が悪い。そこでテレビ画面の上ではちゃんと笑っていたが、それ以外では全く笑わないヒトになった。

三七、八歳。四捨五入して四〇歳。まさしく、四〇にして惑いに惑う……。

三鷹の兄貴から電話が掛かって来た。

「おい、お父さんがな、押入れから行李を出してきてな、変てこな物がたくさん出てきてるんだ。面白いからちょっと来てみろよ。

あっと、お母さんに代わるな。……あ、モシモシ、あのね、あんたの通信簿とかも出てきてるのよ。ホント、面白いから来てみなさいよ。あのヒトは変なものいっぱいしまっておくんだから……」

あのヒト、チャーリーさんはこの時芸人稼業から足を洗って兄貴夫婦のうちでおキンちゃんとゆっくり過ごしていた。

「えへへへ。嘉明ちゃん」

チャーリーさんは一コだけ開いた行李を前にして得意そうだった。

大量の新聞の切り抜きの最上部は、電柱に足を掛けてチャーリーさんのチャップリンが空中に横に伸びてクラリネットを吹いていた。

「映画の宣伝に行ってたの」

何十枚ものサイン色紙は市川団十郎を筆頭に歌舞伎役者の物。それから当時有名なコメディアン、俳優の物。で、その中に、

「ハイ、これは巖谷《いわや》小波《さざなみ》さんと久留島武彦さんです」

「あら?!」

私は目を丸くした。親爺さんと高名な童話作家とは奇妙な取り合わせだった。

「私はね、銀座でお二人の仕事を手伝ってあげていたのよ。ハイ、これがその時の写真です」

小さな教室のような部屋で、机と椅子が並ぶ中に若い頃の親爺殿が普段着で立っていた。

「ねえ、銀座だっていうと、これもしかしたら、この二人の先生がやっていたあの有名な『木曜会』ってこと?」

「おっ、嘉明ちゃん。さすがですねえ、よく知ってる。私はね、お話の合い間に子どもたちに手品を見せてあげてたの」

「すごいな。で、どうして二人と知り合ったの?」

「うーん……どうしてだったかしら……」

とここでおキンちゃんが邪魔に入った。

「ハイ、これが通信簿よ。あんたの『秀』ってのが御自慢ですってさ」

「このヒト賢いもん」

私はそのホメ言葉だけありがたく受け取っておいて通信簿は受け取らず、行李の中に散らばっている写真を手に取っていた。「関東大震災」の時のそれには災害の跡地の様子が、浅草十二階から両国の被服廠の光景までたくさんあった。

「ほんと、すごいの持ってたんだ。フーン……」

と、その私の感嘆するのを待っていたかのように、

「えへへへ、宝物ならまだまだありますよう」

親爺はからかうように上目遣いで私の顔を下からなであげると、押入れの中のもう一つの行李を指差した。

うやうやしく持ち出されて来た二枚の大判の色紙は、小野竹喬《ちっきょう》さんと竹久夢二さんのものだった。――今、私はなれなれしくお二人のことをさんづけで呼んだが……。

「あのね、竹喬さんと夢二さんは私の玉突きの弟子だったの。ウフフ、私はね二人に教えてあげてたのよ。でね、『何か頂戴』っていったら、これをくれたの。他のみんながワアワアいってウラヤマシそうでしたよ」

「フーン……夢二の京都時代かあ。竹喬と夢二の有名な二人の時間だあ」

一枚は浜辺の松林が淡い色彩で描かれており、これはまるで展覧会へ出品するための習作かと思ったほどに丁寧で、今一枚は、あの妖しい美人のヒザの上に黒猫がチャンと乗っていた。

帰途の電車の中で高見君はちょっと考えていた。

「親爺さんはいろんなところでいろんな人と出会ってるよな。あれは若い頃からいろんなことしてたんだろう。ほんとにすごいや」

さて、今思うとこの電車の中の高見君が、あの嘉明君と映君との口ゲンカの仲裁に入ったみたいだった。

「マアマア」と嘉明君をなだめると、映君に向かってはやさしい声で、

「なあ、君のお父さんはさ、それこそ目茶苦茶いろんなことしてたんだぜ」

映君と嘉明君は二人顔を見合わせ、そして二人揃って仲裁者に頭を下げた。

(一〇年ほど後に、この時を反省して作文を書いていた)

「それまでわたくしは、『どうやら、じぶんにはたいしたものはなにもないのだ』というおも

いと『でもじぶんでみとめてしまうのはつらいなあ』といったところですごしてきたようなきがします。

こういうにんげんは、いつもようじんぶかくみがまえていて、とくに、ひとにそのよわみをしられまいとしてきゅうきゅうとなるといったくせがあります。

ようじんのおよばなかったところで、ひとからそのよわいところをひょいとつかれようものなら、ひつよういじょうにきずつき、あげくのはては、そのひとがおもってもいなかったようなはんぱつでそのひとのめをしろくろさせる、そういうことだってにちじょうさはんじでした。

こういうことはよくないことだとおもったので『よくないことだ。よくないことだ』といいつづけましたが、いうそばからよくないことばかりするのでほとほとこまりました。

しょうじきにいいますが、これがよんじゅうにもなったころのものですから、ひとのことはよくしりませんが、どうもやっぱり、おそすぎたようなきがします。

あとからききますと、このよんじゅうからのにねんほどのあいだは、とてもすさまじいぎょうそうですごしていたようで、そばによるとかみつかれそうだったとは、ちじんたちのことばです。

きどったりかざったりすることはかならずしもわるいこととはおもいませんが、そればっかりみたいなのはこまりものです。

なにもない、いや、いままではなにもなかったみたいだねえ、とちょっぴりやさしいことばでじぶんをなっとくさせると、あとはいっしょうけんめいやるしかないのだときまりました。じつにさっぱりとしたきぶんになりました。

あたらしいしごとをひきうけるときも、これはうまくやれそうだな、ではなく、これはいっしょうけんめいにやれそうだな、ということでえらびました。えらんだすえにうまくいかないこともありましたが、ふしぎなことに、それまでのじぶんにはできそうのなかったしごとができてびっくりすることのほうがおおかったのです。なんどもびっくりしてから、あーあ、こういうことならもっとはやくきがつけばよかったなあ、とおもいました。

ほんとうにそんしたきぶんです」

（以上一部抜粋）

かくして私は木金土と「ノッポさん」に時間をささげ、土曜の夜から日月火を書く仕事に差し向けることになった。水曜日はお休みにしたのである。

読書

さて、ノッポさんがもう一つの仕事である文筆業に従事しようとする前に、あの行李のなかの通信簿の秀才がどのような読書家であったかを記しておきます。もっとも、「本を読んだから賢くなるといった保証はありませんが、読まないで賢くなった人もおりません」との観点からすれば、この幼き頃の秀才が今現在どちらのヒトになっているかは……。

七歳、戦争が始まって子どもの本がなくなってきました。兄貴の本棚から岩波文庫二〇冊ほどを抜き取り、それをペラペラとめくり、そのうちの夏目漱石『坊っちゃん』と有島武郎『或る女』を愛読書にして二回、三回と読み返しました。

藤村、啄木は「面白くないや」と打ち捨てて、漱石の『草枕』に至っては、「情に棹させば流される」を「ウソだい、棹さしたら流されないや」と打ち捨てた。

愛読書にした『坊っちゃん』だって、山嵐を本物の豪猪と取り違え、のちに挿絵の山嵐が坊主頭なのに首を捻るが、これは画家さんの間違いだと決めた。野だいこは野原に打ち捨てられたデンデン太鼓として「破れダイコみたいにウルサイおしゃべりなんだ」と説明して、兄に

「字引を引けぇ！」と叱られる。但し巻末の下女の清への叙述の短さに、その薄情さが気になり、二度、三度と読んでから「なあるほど、大人の小説はこれでおわっても良いんだ」と納得したのは立派であった。

『或る女』は池の向うを歩く葉子さんを見る男に「なんだか可哀想」と思い、しかし「葉子さんてキレイなヒトなんだぜ」とあこがれていたのだった。

小学四年のはじめ、岐阜に疎開した。ここで同級生の女の子の家に大きな大きな書庫があるのを知ることになったのである。彼女の父は寺の和尚さんで、その前は早稲田大学の国文学の先生だったと聞いていた。

同級生の男子が「借りたんだがや」とその娘の横で得意気に本を掲げてみせたから、私も張り合うことにした。

「フン、あんたのコンタンなんて見えすいているわよ。じゃあね、これ、あんた読める？」とでも言いたげな、からかうような笑みとともに差し出されたのは新刊本の谷崎潤一郎『細雪』。（上下二巻だったかな……新刊だから、私は六年生かなァ……）

一読して、その面白さに彼女のことはどうでもよくなった。目指すのは書庫の本。

書庫の中には入れてもらえなかったが、自転車の荷台のカゴに入る書籍の種類と途切れることのないその数に目を丸くしていた。

今思えばその和尚さんの文学青年時代の有り様がうかがえる。ソヴィエト、フランス、ドイツ、イタリア、北欧。イギリスとアメリカ物はちょっと少な目だったが、それらはすべて単行本で揃っていた。

彼女が賢かったのか、それとも本棚にそう並べられていたのか、とにかくそれらの本は国別、作者別に整理されて貸し与えられて、中にはドストエフスキーみたいに『貧しき人々』『罪と罰』と年代順を考慮したみたいなものもあった。

本にはおまけがよくついていた。

スタンダールの本には『スタンダール論』なんて評論の本がつき、マーク・トウェインにはあの有名な長編の横に作者の新聞記者時代のコラムを集めた本も見えた。

坪内逍遥のシェークスピア全集全六十数巻のあとには、逍遥さんの「家庭用児童劇」なんて小冊子もついていた。

私はこれらすべてを高校一年までに読了した。

のぼせあがった秀才児は中一でお芝居ひとつと小説(?)二つを書き、高一では音楽劇「チルチル・ミチル」を自作・自演・演出とやってのけた。——おお、すごいなァ——。

正直に言っておかなければならない。日本物に関しては近松、西鶴から明治の軟文学まで揃っていた。私は近松秋江の『黒髪』なんぞに「うわァ!!」となっていたのである。だが、この辺からこの秀才は急におかしくなってくるのである。

「それにしても偉い人って、みんなヘンな人だよな。賢くて賢くてヘンなんだ。……俺、ちっともヘンなヒトじゃないし、とてもヘンになれるとも思えない」

簡単だった。日本人作家の変人ぶりは外国人のそれよりも身近なもんだ。で、作家にはなれるわけはないときめたのだ。

●演　説

俗に言う「良い本」ってのがあります。

長い長い時間と大勢のヒトの眼が「これはいい本だ」ときめてくれた本。こういうのを誰に読み方を教えてもらうことなく、ただただ面白がって読み続けることができたら、そりゃあ文句はない。

名高い作家なぞが「私のえらんだ一〇〇冊」なんぞといっても、それを真に受けちゃいけません。その一〇〇冊のありがた味が本当にわかるまでに、その作家だってどれほどの本を読んだことか……。

ヒトはそれぞれですから、好きな一〇〇冊をきめる必要があるなら自分でやれば良い。タクサン、タクサン、タクサン読むでしょう。そのうち「ええと、あの作家とこっちの作家……うーんと、あの作品とこっちの作品も好きだよな」となってきて、そしてちょっと考えてみると、それらの間には一本の筋が通っているようで、すると貴方の読書もマンザラでもないってことになる。

何本かの筋があっても良い。そのうち赤は赤、白は白、青は青と色合くっきりとした物になるだろう――ってことで、そこから選んだものが貴方の個性ってことになる。(こういう演説は本屋さんがやればいい)

改心したワタクシ

「俺は改心した。やってやる！」と意気込んだものの、この男があまった時間をふり向けたのはテレビの台本書きである。可哀想に、まだまだ「ノッポさん」から自由になりきれていなかったようで、まずは当たり障りのないところに食指を動かしたのだ。でも、これ、二足の草鞋を望んだってことではない。お客さんに見せるってことでは「演ること」も「書くこと」も全く違いはなかったのだ。

ＮＨＫの同じ部局の音楽ものの構成を引き受けた。そこでたまたま外部からの注文で三〇分ものの「教育ビデオ」を書いた。当時流行の認識ものと称するもので、「ええと、認識ってのはどういうことかと申しますと、あのおですね、哲学用語としては、その知識そのものに至るちょっと前の……エエトオ、エエトオ……難しいなァ」「そんなの、オヤ?! あれえ? ホウ、なァるほど、ってところを見せたら良いんでしょ」。

ところが、これが市販されて一週間も経たないうちに、フジテレビの野田氏という大プロデューサーから面会を申し込まれた。

フジテレビに行って、野田氏の製作した子ども番組のテスト版を見ながら、私は終始面白くなさそうな顔をしていたのに違いない。

「あの時の高見さんの顔は忘れられませんね」と後々言われた。

そのテスト版がその後の『ひらけ！ ポンキッキ』である。

『ひらけ！ ポンキッキ』（一九七三―九三年）が放送開始されると数多の台本作家が並び、その最後尾に高見君が登用されていた。この番組の台本がどれほどむずかしかったかは、前にいた作家たちがいなくなり、最後尾にいた私が最前部になるまでに三年とかからなかったことでわかるだろう。爾後一〇年余、野田氏が番組を担当している間、私は氏を「ボス」と呼びつつ仕事を続けた。（野田氏とは高名なSF作家・野田昌宏さんである。時々、二人になって、読んだ本のことや捨てた本のことなぞ話して、意外に意見があうのでお互い楽しかった。私より一歳上だから「ボスう！」と兄貴分にしていたのである）

『ポンキッキ』の台本以外でも、小さな音楽番組で「子どもの唄」をたくさん書いていた。それが楽譜集に掲載された。するとそれに目をとめた出版社の若い編集者がワザワザ訪ねてきた。幼児向けの月刊誌の裏表紙に小さな唄をひとつ注文して、それから、「お話なんかも良いなァ」と言ったのである。

この時の編集者内田吉昭氏(世界文化社)にも深く感謝している。だって裏表紙の一編から二編目へ、さらに中の誌面に引越ししたかと思うと、すぐに四面・五面の連載を三年、四年と受け持たせてくれたのである。

他の大手出版社(学研・講談社)からも引き合いがやって来た。順風満帆ってやつだ……。

ハヤリのお話作家がどんなものかは知らない。だがこの仕事を一〇年余続けたのである。作品の量は膨大、いちいちここで御披露するのも自慢しているようではばかられる。そりゃあ、仕事は全てに一生懸命だった。故にその作品の中には自慢したいものもあるし、中には「あれれ? これ忘れていたな」なんて不埒な一言を洩らすものもある。(実はこの章を書くために出版社に資料を頼んでいたら、ついさっき「今日はこれだけしか見つかりません」と分厚い封筒が届いた。その資料の一番上に「あれれ? これ忘れていたな」が載っていたのである。あの頃を思い出して、急にホアン! となりました。ご容赦いただき、転載します)

かみなり

作・高見映　絵・杉浦範茂　曲・山本直純

かみなりさんってね
あわてんぼなのさ
がら　がら　がらがら
がっしゃーん
あれは
おさらを　おっことしたのさ
がら　がら　がらがら
がっしゃーん
また　やったよ

かみなりさんってね
あわてんぼなのさ
どか　どか　どかどか

どっしゃーん
あれは
かいだん　おっこちたのさ
どか　どか　どかどか
どっしゃーん
よく　やるんだ

（『ワンダーブック』一九七六年八月号）
（判定・可も無し不可も無し）

さて、書く仕事の一〇年余の履歴を短く述べ、そして改めて「私は二足の草鞋をはいたつもりではありませんでしたよ」とお断りをして、この演るヒトと書くヒトが一緒くたになったヒトは、時にびっくりするような愉快な出来事に会うことができました、と話を続けます。

芸は身を助く

終戦は疎開先の岐阜の笠松というところで迎えた。岐阜市街は丸焼けだったが、その復興ぶりには目を見張るものがあった。なぜかは知らぬが映画館が早かった。

西部劇・海賊活劇・ロマンス・コメディ、みんな面白かったが、この私が一番好きだったのはフレッド・アステアのダンス映画だった。

どんなダンサーだったのかと問われても、ま、今でも世界中の高名なダンサーたちが、「あのヒトが一番です」と指差すくらいのヒトなのである。

私は日曜日になるとお弁当を作ってもらって一回目から見ることにしていた。一回目を見れば話の筋はわかるから、二回目からは廊下のベンチで遊んだりお弁当を食べたりして、頃合いを見ては中をのぞきこみ、もうすぐダンスシーンだと見当をつけると場内に戻るのだった。

ダンスの何たるかも知らず、でもでもアステアの踊りにうっとりしていたんだから、中学生にしちゃ非常に趣味の良い子である。

マネのマの字もできないダンサーにうっとりして育ったんだから、ダンサーになろうなんてことは露ほども思わない。だけど芸人稼業参入の成り行きでタップダンスだけは習った。

――あーあ、あのアステアさんのリズムくらいはマネできないかなあ――。
三二、三三歳、やっとヴィデオ機器を買えるようになると深夜の稽古が始まった。
二階の自室で彼の人のヴィデオを見ると、自分のできそうなステップであれば家の前のマンホールの蓋の上で足を鳴らした。

六つの足ぶみが奇妙に心地好いリズムを出すのを見て、マンホールの上で試みると全く心地好くない。何度も何度もヴィデオとマンホールの上を往復してやっとその秘密がわかる。それは微妙な体重の移動で、六つ目の音は当人が打つと意識する前に足の方で勝手にトンと床を打ってくれていたのである。

彼の人はそういう工夫を実にさり気なく映画の中にちりばめる。で、その一つを頂戴しただけなのに高見君は天にも昇る気分になるのである。


さて、一九八二年の年の暮れ、大晦日まであと何日もない頃、『ポンキッキ』のボスに呼び出されてテレビ局まで行った。

「高見さん。民放持ち回りの『ゆく年くる年』は今年フジの番でしてね。来年開園する東京ディズニーランドを使うんですよ。その構成台本をちょちょっと書いて下さい」

「えーっ?!　なんでまたこんなに遅くぅ」

「なぁに、かぁるく、五分ほどで。年末年始を五分で演る。それで新年ですからね。かぁるく書いて結構です」

ボスはそれまで机の上で動かしていた鉛筆を離すでもなく、顔だけこっちへ向けて注文していた。

この「なんでもないさ」はボスのテだったのである。

「なあんだ。民放代表の台本だってそんな物かぁ」と気軽になった私は一晩でそれを書き上げるとボスに持って行った。

ボスは得意の斜め読みで台本を一瞥すると、

「はーい、結構です。じゃあ、高見さん。ついでにディズニーランドに行って打ち合わせして来て下さい。付添いにテッ平をつけます」

ボスは実に賢かった。「ついでに」云々にかぁるく乗って、私はノコノコと出かけて行く破目になったのである。

打ち合わせに行く途中のテッ平君の打ち明け話で、高見君はボスの「テ」にあっさりと乗った自分の可愛らしさに少々めげた。いや、本当は大いにめげた方が良かったのである。ディズニー側は今までに提案・提供されたすべての日本側台本を拒否してきたとのことであった。

「あのですね、向こうのエンターテインメント部が出てきてですね、『こんなのお話にならん』って追い返されてるんです。部長さんみたいなトップも出てくるんですって」

名にしおうディズニーである。見世物の世界では大先生にゃ違いない。おまけに怖そうなトップもお出ましだ。

「俺の台本で大丈夫なのォ?!」

（私の台本）

場所　東京ディズニーランド。シンデレラ城。

人物　男と、その子ども二人。（これは当時人気のテレビドラマ『北の国から』の主人公たちだった）

闇の中から話し声。三人の姿が現われると、男は去り行くこの一年を振り返って、子どもたちに話し掛けている。彼らの歩みに合わせてカメラがバックすると、彼らの周りに異形のシルエット。どうやらそれはあの有名なディズニーのキャラクターたちらしい。三人は……「?!」

シルエットは不動のままで、照明がついて正体をあかす。そして動き始めると、その腕を上方に伸ばす。その先にはシンデレラ城の大時計。針は新年の一〇秒前である。三人は「あっ‼」

時計の秒針、五、四、三、二、一、バスーン‼ ヒュルルと花火。

城・ライトアップ

城内・通路・道のあちこちより飛び出すダンサーたち。その中央に美しきシンデレラ。

三人とキャラクターたち。カメラはバックすると遠景。

城の上空に花火が唄い続けている。

オワリ

ガランとした三〇畳ほどの稽古場のような部屋で待つようにいわれた。空っぽの部屋の奥に、丈の低い卓をはさんでソファと椅子が一脚。急ごしらえの打ち合わせ場ってことなんだろうが、これも来年の開園を控えて工事中のディズニーだから仕方がない。とはいえ、ソファに坐ると向うのドアまでのフロアの広さが気になる。私は目の前の一脚の椅子を見ながら、「そうだ！サシの勝負みたいだな。じゃ何とかなるよ」と思った。

ドアが急に開くと、まず十数人の正装した日本人スタッフが入って来た。こちらの座っているソファを眺める位置で黙って立っている。二、三〇秒おいて、ドアの外で話し声が聞こえ、五、六人のアメリカ人スタッフが入って来て、前の日本人を押しのけると、これもそこでストップして横に並ぶ。みんな黙っている。

「なあんだ、これは?!」といいかげんドキドキしていると、その人間たちがサーッと二つに分かれた。それがエンターテインメント部のトップの登場だった。

今ならわかる。きっとリハーサルをしたに違いない。そうでなければ、その時、「うへえ、こいつはすごいや。これはよっぽどエライヒトなんだぜ！」と私をへこませることなんてできたわけがない。

さ、それからである。一発目のパンチが繰り出されるとあとは間断なく降り注ぐといった按配だった。もっともそのパンチを繰り出すのは周りに立っている若いスタッフの方で、当のトップは椅子に深く腰を沈めてにこにこしていた。

「ねえ、君ぃ。台本を拝見したが、意見があるんだよ。我がアメリカでは新年を迎えるに当たっては静寂をもってはしないんだ。皆でワアワアやって、そしてカウントダウンなんだね。まず我ら自慢の唄と踊りから行こうじゃないか！」

「始めが闇の中ってのはないね。明るい城の前で我が愛するキャラクターが踊っている。そこへそちらの人間が参加すれば話は簡単」

「ミッキーとミニーに挨拶させようじゃないか。ね、ね、それがいいと思うんだ」

私はやられっぱなしで、そして目の前のトップはそういう私を楽しそうに見ていた。

悪気のあるひとには見えなかった。多分、私のことをとても若い台本書きで、日本人であるからにはショウのなんたるかはさっぱり御存知なかろうから、ここは優しく教えてやって、間違いを正させても悪くはなかろうって顔だった。

「ボスの考えとしては、我々の意見を参考にして、君に今一度台本の見直しをしてもらえないかと、そういうことなんだが……」

まだグラグラとしていたが、次のパンチが今度は気つけ薬になった。

「我々の経験と君の経験とをくらべるとだね……フフフ……」

「ノオ!!!」

全員が固まった。

「これは日本の大晦日である。静かに静かに鐘の音を聞いて、そして本来は静かに静かに年が明けるのがおもむきがあってよろしいのである。でも、ここディズニーランドで、そのキャラクターと一緒に新年を迎えるとあって、私は百歩も千歩もゆずって歌と踊りと花火にしたのである。ドンチャカドンチャカやりながら新年になっちまうのは、日本人には似合わないのである。この通りにやりたい！」

「！…………」

部屋の中は静かだった。

立ちん坊組のアメリカ人スタッフは青くなったり赤くなったりしていた。日本人スタッフの方は、これからなにか恐ろしいことが起こるに違いない、といった顔つきで、そしてぼくの方を見る時は、彼らのえらいボスを不愉快にさせたに違いない人間を非難するかのように口を歪めていた。

さすがにボスはボスだった。まだその顔には笑みが残っていた。今度は駄々っ子を見るような目つきでぼくを見ていた。その笑みに力を得たのか、パンチ繰り出し組のひとりが、今度は猫なで声でぼくをあやしにかかった。

「我々のボスはとてもわかって下さるんだよ。でね、君ぃ。このボスは元はアメリカでも有名なタップダンサーでね。今は足を悪くなさってこっちの仕事をやっていらっしゃるんだが」

「おっ。それならぼくもタップダンサーだ」

「ナヌ?!」

「ぼくはアメリカ人の芸人さんを見て育ったんだ。一九二〇年代からのあの素晴らしいショウの世界を、それは映画ではあったけれど、それを見て育ったんだ。フレッド・アステアがぼくのアイドルであり、ぼくはそのひとのステップをほんのちょっとだけでも自分の物にしたくて……思いたつとそのステップひとつを確かめるために、朝まで待ち切れなくて夜中に起き出して稽古したこともあるんだ。なんなら、なんなら……」

気がつくと目の前のトップが真面目な顔になっていた。

「なんなら……なんなら、ボスはこのステップが誰のものか御存知だろうから、ぼく、やってみるかな」

ぼくは踊ったのである。一〇秒間ほどのステップだけど、それは正真正銘のアステアのステップで、そしてここが肝心なところだが、相当に年季の入ったタップダンサーにしかその値打ちがわからないというやつを踏んで見せたのである。

「君ぃ。君ぃ。君がタップダンサーってことは、それでよくわかったよ。だけどさ、うちのボスのお考えでは……」

ここでトップが鋭く大きな声を出したのである。

「シャラップ!!! お前が話をすることはない。この仕事は彼の仕事なのだ。私は彼の話を聞くことにする。さあ、君、最初からもう一度、この台本での君の意図とイメージを話してくれたまえ」

それからはぼくの独演会だった。死にものぐるいの演技だった。キャラクターのシルエットはこんなポーズでいてほしいとか、ダンサーたちの配置はこうあってほしい……。

「オーケー! 全て君の考えた通りにやる」

あのときのあのエンターテインメント部のトップは本当にえらかったね。そして優しかったんだね。

大晦日、ぼくは自分の目の前で繰りひろげられたショウに一言の文句もなかった。

放送のすべてがおわったとき、あの応接室でぼくにパンチを浴びせていた奴が寄って来た。

「ヘイ・ユー、グッド・ジョブ」

「おう、さんきゅう」

芸は身を助く。それに相手の部長さんが元タップダンサーだったたって幸運もある。だけどあえて言う。痛快な勝利の物語ではあったと。

でも誰もほめてくれない。「そうだよな、四八歳のオジサンなのに、ほめてもらおうと思っているほうがおかしいいか」

かわいい負けず嫌い

「痛快な勝利の物語である」なんぞと嬉しそうに書いてしまったから、ついでにこの男の性癖のひとつ、名づければ「かわいい負けず嫌い」なんてものを書くことにします。

坊やは五歳。

向島の工場長さんの家ではお正月だけ花札遊びが許されていた。一まわり年上の兄たちと姉は小銭を賭けたバカッ花で遊んでいた。坊やはそのトシで初めて貰ったお年玉を手に、「入れてちょうだい」とねだったのである。その余りのしつっこさに長兄が怖い顔をした。

「おい、負けたらお金をとられるんだぞ」

「うん、いいよ」

札を合わせるだけで喜んでいるシロウトが三人のバクチ打に勝てるわけがない。

「ハイ、お前はもうお金がないからね。これでオワリ」

「うん……」

隣の部屋に入って、兄貴の机の下にもぐり込むまで我慢して、そこで声を出さないで泣いた。おどろいたことに、高見家にはお年玉をなくした坊やに新たな供与はなかった。坊やは二、三日待ってからそのきびしいしつけを受け入れることにしたのである。

「負けたらエライ目にあう。お金、みんなとられちゃう」（五〇銭か七〇銭だった）

チャーリーさんの鞄持ちの時代。

鞄持ちだから楽屋での芸人同士のバクチには参加しない。チャーリーさんは下手の横好きってタイプだから、この鞄持ちはその敗北をため息をつきながら見ているしかなかった。ある日、鞄持ち君と同年輩くらいのジャグラーが勝ち続け、その最後のゲームでチャーリーさんをたたきのめすとあろうことか自分の父親と同じくらいの敗者をあざけり笑ったのである。

ふんぞり返る奴にもムカムカしたが、その前でえへらえへらしている親爺にも強烈な怒りを感じた。

「勝つ！　やるんなら俺は勝つ!!!」

息子は胸のうちで叫んだ。

三〇代、つき合いってものがあるから、仲間の芸人さんたちの勝負事に参加することになった。とはいえ、五歳時の教訓があるから、自分の懐具合に不相応な勝負は避ける。これは理想的だ。そして気合の方は、「俺は勝つ!!!」だから、ま、こっちの方はまずは負けないで、あとは恨まれない程度に勝つ。これも理想的だった――その時まではね。

四〇代、突如として「俺はタダの負けず嫌いってか、おおらかさがないね」と己の性癖にタメ息をつき始めていた。このあたりからである。つい数年前に教えてもらった麻雀の対手に自分より強いヒトを求め始めたのである。

強い対手には必ず負ける。二度三度とそれが続く。続いたところでこの男は「いやあ、強い対手には負けてもいいよ。次にその対手に勝つ楽しみが残ってるからなあ」。

負け惜しみを胸のうちで言いつつ「ああ、かわいらしいね。俺は『かわいい負けず嫌い』だよう!」とにこにこした。

さて、これからが本論です。

『ひらけ! ポンキッキ』の三年目だったたか。野田ボスに、監修の先生たちが行なう台本検討会に出席するように言われた。

台本作家たちは月に五つほどのテーマを与えられると、その一つ一つのテーマを二分半ほどの作品にして提出するのを義務づけられていた。テレビ用の原稿用紙で全部合わせたって二〇枚ほどの分量だが、この一つ一つのテーマが難物だった。

放送開始の当初、ボスとよくこんなやり取りをした。

「ねえ、ボス。計る・測る・量るってのは簡単ですけど、次の象さん一匹と蟻さん一匹てのは、一匹ということでは同じだあ、ってことでいいんですか」

「うーん、いいんでしょうな。そいつを面白く書いてもらえればね」

「ねえ、ボス。三枚の板を重ねて橋にしたらたわんで水ん中にボシャン。ですからコの字にしてトットコトットコって台本にしますよ」

「それ、テーマは何でしたっけ?」

「やんなっちゃうな。『形と強度』なんてわけのわからないテーマをもらっただけですよ。ボク、本屋さんに行って橋の本を立ち読みして見つけたんですけど」

「うーん、それ面白そうだから……うーん、いいでしょ」

東大、お茶の水女子大の当時高名な教授と、ほかに二、三名の幼児教育専門の監修者が私の台本を検討すると聞かされた。

「ようし、俺より上手な麻雀打ちってことにしちゃおう」……？？？

当日、この台本書きはこれ以上はないってほどのすすけた顔で、でも背広にネクタイに高価そうな黒鞄を大事そうに抱えて出頭した。

いつもの制作室でキッカリ五本の台本がボスに手渡され、ボスは台本書きを審判の場へと連れて行った。

一本目のまわし読みがおわるとそれを待ちかねていたかのように一番手の先生が優しい口調で、

「そうねえ、これはこれでテーマの切り口としてはわかるんだけどねえ……」

すると二番手の先生が、

「そう！　たとえばね、これを斜めから切る。これこれ、○×△・○△×と切ればもう少し面白くなるんじゃないかな」

それを受けたほかの先生たちがコクンコクンとうなずきながら、当の台本書きから目をそらし加減。

そこで高見君が机の下から黒鞄を引っ張りあげる。

「ああ、その切り口でしたら、ここにありますけど」

ボスがちょいと慌てた顔でその台本をすぐさままわし読みに掛ける。

「うん、これはこれでまとまっている。だけど、もうひとつ、○×○×・○×○×っていうのも捨てがたいんだなあ、アハハ……⁇」

鞄の中からまた一本出て来る。

「それなら、これでしょうか」

三本目が出て、四本目が出そうになって、先生たちが口をモゴモゴさせ始めていた。先生たちの視線の先にはまだふくらんでいる鞄があり、高見君がひょいとボスを見るとちょっと困っているように見えた。

「もう一本ありますが、今日のところは最初の台本が一番面白く書けているかなァ、と思ったものですから」

この最後の一言で、なんと、残る四つのテーマに関する台本の検討はなきにひとしくなった。

会議室を出るや否やボスが言った。

「高見さん、もう、この会議には出なくていいですよう」

賢いボスもこの時は、この台本書きの寝不足の量をちょっと少な目に見積もっていたのでしょう。「高見さんのことだ。ひとつのテーマにつき二本ぐらいは用意しているだろうが……」

と。

私は五つのテーマ全部で二〇本ぐらい用意していた。それだけやってりゃ顔もすすけて当たり前だ。

さて、勝手に勝負の対手にされても怒らないで下さいな。「勝った、勝った」なんて、間違っても言いません。それじゃあ「憎らしい負けず嫌い」です。私は「勝たせてくれて、ありがとう」っていう「かわいい負けず嫌い」です。

そして最終回

さて、「ノッポさん」はいつ終わるとも知れず続いていた。

私、四九歳。番組の仲間たちはトシをとらない。

ゴン太君(井村氏)はお人形さんだから元々トシは取らない。声のつかせのりこ女史はますますヤンチャだ。造形のスタッフは枝常氏を隊長に文字通りの「若き芸術家」ときてる。で、残る私だけが損をしてるってわけだ。

某月某日――新聞社の写真取材で遊園地の子ども用スベリ台の上から跳躍をこころみる。地面に着いたと思ったら、ストーンと尻餅をついていた。大いに恥をかくと同時に己れの脚力の劣化に気づいて愕然とする。
某月某日――蛙とびで股関節を傷める。故にダンボール箱の汽車ポッポはシャガミ走りでは運行不可能で、ロープで引っ張る。
某月某日――洗面台で腰をかがめてギックリ腰になる。ノッポが御殿女中さんのごとき歩き様を見せる。

某月某日――送り返しのヴィデオを見ていて我がお腹がプックリと出ているのを知り、慌てて周りのスタッフの顔を窺う。

さすがにこのお腹のプックリは、ノッポさんを演る者にとってはあってはならぬ気のゆるみを証明していた。私はすぐさまスポーツジムとスイミングクラブの会員証を注文したのである。五〇歳を目前にして体形保全につとめるためのジム通い。実にこの男はマジメだ。――そう！　この男は「ノッポさん」だけにはそれだけマジメになることができたのだ。

この男は番組に穴をあけたことは一度もない。ノッポさんのためとあらば、たとえ、それが面倒な病気であっても病気にしなけりゃいいのだ。

実は私には尿路結石なんて恐るべき激痛を伴う持病があったが、お医者さんから「痛いでしょ。これは三大激痛のひとつといわれているもので、痛くて痛くて、でもですね、これ痛いからといって死ぬ病気じゃないんです」と聞かされると、病院からノッポさんの本番のためにスタディオに直行し、運び込まれた簡易ベッドからフロアに飛び出して本番をやりとげ、そして車で病院に戻ってみせた。

さて、ジムのランニングマシンとプールの平泳ぎで三ヵ月もせずに理想の体を得た。身長一八二センチ、体重六四・五キロ。

収録後のヴィデオをのぞいていた若いのが言った。

「あれえ、前よりスタイルいいなあ」

「きまってらァ、もっとほめろ！」

「すいませーん」

仲間たちの優秀さと、私の生来のブキッチョがもたらす真剣さが番組を長続きさせていたのだろう。いや、それでも番組の意気みたいなものが「あれ、下がってるぞ」と思える時があっても、それがたまたま「番組改編」の時に当っていなかった幸運もあったのだろう。ピンチをすり抜けると沈みかけていた意気はすぐに元に戻っていた。こんな意気盛んな時に「ねえ貴方、もうマンネリじゃない」なんぞと意地悪を言う他番組のオバサンディレクターがいれば、「はいはい、貴女は私に見あきたんですよう。ごめんなさいね」としおらしい返答をし、それに続く「なんだこのオタンコナス。テメエの番組は一年でオワリだろう」——あーあ、これを聞かないで良かったですねえ。

さて、今は二〇一七年である。「この本のための参考資料はありませんかねえ……」とやっていたら、「ダイアリー１９８６」なる冊子が倉庫のダンボール箱の中から出てきた。私は日記なぞつけた覚えはないから「なんだい、これは？」とあけてみたら、なんと私のスケジュール帳だった。

仕事が少うし忙しくなっていた。テレビが一本増えていた。合わせて二本の打ち合わせと本番の合間に絵本屋さんとしきりに会っていた。なかには嬉しそうに「絵本原稿渡す・12：30・ゴハン」「原稿渡す・大阪本屋・編集長」なんてのもあるが、正直に言うと、どんな原稿を渡してその時喜んでいたのかは記憶にない。(悪いヒトだ)

トシの後半になると急に仕事が混んでいる。これまでだと「ノッポさん」のために律儀に水曜日を休養日としていたのに、ここへ本屋さんへのサービスで講演、小公演なぞを引き受け、もっと恐ろしいのは土曜日の「ノッポさん」のテレビ本番直後に電車、飛行機に乗って人形劇団の地方公演にゲスト出演しているのである。

——何故にこんなに働き始めたのか……今、思い当たるフシはある。——

このダイアリーのスケジュール表記の中にはチャーリー親爺の通夜、葬儀の記述は一切ない。あれはまだ暑くはなってない頃だったろう。（義姉に訊いてみようと思ったが……）

死んだと聞いて、実家に向かう車の中で急に涙が出てきて、それは青梅街道の荻窪から西荻窪まで続いて、それで止まった。

この出来の悪い息子も、この父親の示す底知れぬ好意には気づいていたから、「ホーラ、これからは一人でがんばらなきゃ」と泣くのをやめたのであろう。仕事を増やし始めた理由もたぶんこれだ。

ダイアリーはここで閉じます。

さて、ダイアリーは閉じたが、たぶんこの一九八六年末のことだったと思う。

私は二人のディレクターから相談を受けた。相談の内容は、「番組の新年度の予算増額を申請したいのだが、それにはちょっと衣替えの必要がある。そこでノッポさんだけ残ってもらってあとのメンバーを入れ替えたい」というものだった。

「わあ、ぼくだけ残るってのはカンベンしてください。ぼくに遠慮する必要なんてありません。番組をかえてください。ぼくはみんなと一緒に終わります」

二人のディレクターはあっさりとひきさがった。

番組はそのまま一年続き、その年末に同じ相談で同じ応答が繰り返されて、また一年。ようやく三度目の応答で私の意志がまったく変わらないのを知って、ディレクターたちはあきらめた。

かくて私と仲間たちは二〇年近く続けてきたいとしの番組と、また、それを見ていてくれたいとしのお客様と、サヨナラすることになったのである。

「サヨナラはあっさりと行くぜ！」

最終週のリハーサル室で私はキッパリと言った。

「あっさりって……？」

「なあに、自分の声でサヨウナラってやるのさ」

「えっ?!　ハン?!……止めて……どうかしてるよ……」

これらの悲鳴に似たつぶやきは次なる私の一言で消えた。

「えへへへ。俺の声ってさ、こんなにいいんだぜ。みんなに聞かせてあげるんです！」

「オーオ……」

本番当日、ピンマイクを胸につけてもらいながら上機嫌でいる主役を前に、スタッフは見てはならぬものを見せられているようで浮かない顔をしていた。

いよいよ、その時が来た。

「今まで、長い間ありがとう。それでは皆さん、サ・ヨ・ウ・ナラァ――!! うわっ、しゃべっちゃった!!」

さよう、しゃべることのあってはならない番組ではこの「しゃべっちゃった!!」はお別れを告げるにはまさにピッタリとしたものだった。

「さあ、これで私の芸人稼業の時間にも一区切りついたぜ！」

――ところがところがこれが、大いなる間違いだった!!!

間違えていました

突然の地声のお別れのあいさつを「おやおや、ワザとの茶目っ気かい」と受け取られ、「でも、やっぱりちょっとかわいそうね」と思われるのも十分承知だった。

「番組はおわった。俺は潔く行くぜ。茸帽子は押入れにしまっておこう！」

この気概は悪くはない。いやいや、まだ五六歳なんだから当たり前だ。ところがこの男、これにこう付け加えたのである。

「ノッポさんて名前も捨てなくちゃならん」……？？？

美容室で髪をなでつけ、紺の三つ揃いで若者向けのロック番組に出た。早速、楽屋でボサボサ頭の四人組の無作法の洗礼を受けた。「アイー」「どうも」「（コクン）」「（プイ）」、とこの時、アシスタントの坊やが「ノッポさんです」と一言やった。

四人が固まった。目前の一人は泣き笑いみたいになると「どうもスミマセン」と言い、今一人、部屋の隅で水を飲もうとしていたのは口までもっていったコップを動かせなくなっていた。

バーのマスター役で出た時には、客に扮した女の子が「ねえ、マスター」と言うところで

「ねえ、ノッポさん」とやり、そして驚いたことに演出が「それで行こう」と決めたのである。私は釈然としなかった。

一年ほど経って、あの飯沢匡先生に叱られた。

「馬鹿ですねえ、貴方。芸人なんてものはそんな名前のひとつでもと願って一生過ごすものなんです。そんな名前を手に入れておいてですね、文句もないもんです。いいですか、簡単ですよ、昔のノッポさんも良いが、今のノッポさんの方が面白いねって言われりゃいいんですよ。そりゃ、イメージって面倒なこともありますよ、でも貴方、そのトシで女タラシや人殺しの役なんか演れないでしょ、ホントに馬鹿ですねぇ」

「ハーイ」

私は素直にあやまった。

やさしい叱責は私の気持ちを楽にしてくれ、そして次なる目的「今のノッポさんの方が面白いね!」へと私を駆り立てた。——だが……。

黒衣蓬髪にして丈余の杖を振り廻し、

「聞け! この俺の名を。魔法使いのアブドラ・トゥ……」

「うわっ、ノッポさんだ」

星空を背景に高いキャタツの上でむせび泣くピエロ、

「星よ、私の哀しい身の上を……」

「あらァ、ノッポさんが泣いてる」

つけまつ毛に真っ赤なルージュ。胸にちゃんと詰め物までした「マダム・ソンジョソコラ」、

「アーラ、皆さん、ようこそ、私、マダム・ソンジョソコラで――……」

「キャハハハ、ノッポさんだ!!」

上から下まで全きバッタの衣装でＮＨＫ『みんなのうた』(チーフ・プロデューサーは「今度、これだけ用意したんですから、このバッタさんで売りましょう」と言った)で唄った。新聞にはデカデカと「七一歳歌手デビュー」と載った。

まちかどの　ちいさな　こうえん
かたすみの　くさかげに
ホラ　まごたちをまえに　あつめて
おじいさんのグラスホッパー
そよぐかぜに　ふかれながら

「マダム・ソンジョソコラ」

「グラスホッパー」

「ピエロ」

コイキに　おどるのさ～～～～

「うわあ、ノッポさんのバッタが唄ってるう!!」

…………。

私は「オーオ」とため息をつき、でもすべてを納得することにした。大いに変わって見せ、大いにうまく演って見せたとしても、お客さんはそれを「ノッポさんだ」と確められればもうそれで良かったのである。

あの番組の終了後二〇年余り、私は、私であって私でなかった「ノッポさん」と過ごして来たように思える。

「いっそのこと高見のっぽに改名だ」と映君は降参し、嘉明君も異をとなえなかった。

再び近況報告をして……

●その一

今日はお釈迦さまの誕生日である。

芝の青松寺(曹洞宗)の門をくぐる老芸人がいる。

今日、この寺の講堂で『ぼくは賢治さんが大好き!』と題された一人芝居を演るのだ。

この芸人は宮沢賢治さんが大好きだ。大好きってことはこの男にとって尊敬するってことの最上位を意味するから、賢治さんの作品ならそのどれにも文句はつけない。

この作家の本だけは声に出して読む。その方が楽しいからだ。文中に「唄」があろうものなら、勝手にフシをつけて唄い出す。そして「あのさあ、賢治さんてね、唄いながら書いていたに違いないのさ」と他人に言う。

さて、今日この日の演目は三つの話で成り立っているから全部で一時間半。トシヨリ芸人にとっては大変な仕事だ。それに語り半分とはいえ、この芸人の演り方ではマイク一本てわけにはいかないのだ。
暗い場内、舞台後部のスクリーンに猫の目がギラリギラリと光ると「ウフー、ギャギャ、ゴロニャーオ！」と「注文の多い料理店」が始まる。猫の目が消えたと思ったら場内は一瞬のうちに明るくなり、楽しげなジャズが流れると、ホーラ、都会のボンボンのお出ましだ。見るとその衣装は真中からまっぷたつで、左と右では色も柄も異なる。これで二人の紳士を演り分けるつもりなのだ。タップをふみ、ステッキを猟銃にしてズドーン・ドーン。そして三〇分のお話に取り掛かろうという寸法。

「注文の多い料理店」

二つ目の演目「狼森と笊森、盗森」はもっと大変だった。なにしろ舞台一杯の白いパネルに物語を絵にしなくてはならなかったのだ。お話は現在の小岩井農場の昔々の物語。岩手山のふもとに広がる原野にやって来た開拓者の人々と、その原野につながる森とそこに住む者たち（狼の群れ・山男・姿なき声・盗っ人）との心優しき交流。本を読むんじゃなくて、唄い踊り語り、そして描く……。（よく演るよなあ〜）

さて、この日、二つ目の後の休憩時間、私は中庭に張り出した簀子縁の上で煙草を吸いながら、「よく演るよなあ、いつまでできるつもりかね」と、ちょっぴりおセンチになっていました。

そこへこの寺の住職の御子息のお坊様が来たのです。きちんと正座をして向き合うと、

「ノッポさん、お尋ねしてよろしいですか？」

「ええ、どうぞ」

盛岡の宮沢賢治像と．失礼を承知で．大好きな賢治さんとお話したかったものですから….

「私、お説教をうまくやるためにはどうすれば良いのでしょうか」

「ああ、それは只々一生懸命にやればいいのです。貴方なら大丈夫です。いいですか、間違っても『うまくやろう』なんて思わないことです！」

「はい」

去って行くお坊様を見送りながら、

私は急にクスッと笑いました。

「うわあ、親爺が言ってたことと同じこと言ってらあ」

おセンチな気分は去り、三つ目も楽しく元気に演りました。

●その二

以前から知り合いの音楽家の公演にゲストに呼ばれた。

リハーサルは彼の自宅での一回だけだったから私はかなり心配だったが、音楽家の方は私を買いかぶっていたのだろう。

案の定、当日の舞台リハーサルで私の心配していた通りになった。よりによって自分の持ち唄の途中のメロディがとんでもないところに素っ飛んで行くのである。三度も試みて駄目だったから諦めた。

楽屋に帰って事務所の女社長にこっぴどく叱られた。ところが叱られているうちに八〇歳の老芸人の開き直りが気を楽にしてくれ始めていた。

「おう、本番を見てろってんだ!!」

出番前の袖で客席の空気を確かめた。空気だけじゃない。客がどんな顔をしているのかだってわかる。だから私は傍らにいる裏方さんたちにワザと聞こえるように「よーし、私にまかせといてもらおう！」

軽いハミングで出るようになっていたのに、私はそれをオペラ歌手のアリアみたいになるまでの大声にした。音楽家は伴奏しながら目をパチクリし、客席はびっくりした。次の瞬間、私はいつものノッポさんに立ちもどり、客席の笑顔と遊ぶのはこれはもう楽なものだった。

「ノッポさんは若いですねえ。本当のところはおいくつになったんですか？」

音楽家のいくぶんからかい気味の質問に、

「チェッ、チェッ、はちじゅうウン歳」

歳を聞いて客席がどよめく。するとそれを合図に私の持唄が始まった。

年寄りのブルース　　　作詞・高見のっぽ

年をとったからって
年をとったからって
かなしむことはない
ちょいとおセンチになって　もう年だってこぼす

そりゃあないねぇ　そりゃないね
ときに　シャッキリ　シャッキリ　シャッキリを気取り
「まあ、賢くは生きてきましたよ」なんてネ
ときに　キッパリ　キッパリ　キッパリと言うね
「まあ、わかってきたコトもあるさ」なんてネ
伝えたい　伝えたい　わたしの愛するマゴ達に

おーお、この唄、いつも唄いながら内心忸怩《じくじ》たるものがある。「わかってきたコトもあるさ」なんてよく言える。唄いおわれば後悔さえする。ところが暫くするとこの唄が唄いたくなる。さよう、他愛なさを承知でその他愛なさを皆さんに笑っていただく、これも老人ってことです。「伝えたい、伝えたい……」となにを伝えたいんでしょうかねえ……。そうです、私は小さいひとが大好きですから「あのね、このおじいさん、ここまで長く生きてきてさ、いろいろとあったんだよ。でね、君たちもこれからいろいろあると思うんだよ。でも、このおじいさんが見てるからさ、がんばってね」と、そういうことです。

ほら、唄は見事に唄いおわる。で、本当の見せ場はこれから。上手の袖から下手の袖へタッ
プダァンス!!
ラッタ、ラッタ、タタタ、タン、ツタタタツィッタ、シュータタタ……。
明るい舞台を下手の袖へ。まだまだ袖に辿り着くまでは踊れるね！

おわりに

仕事はずっと続けている。でも「私は退屈だから仕事するんです」とふらちな言辞を弄するトシ寄りにはなった。ところがその不心得者に灸を据えるような仕事がやって来た。

「ノッポさん、自伝風にですね、ご自分の生涯をふり返るってのはどうですか?」

岩波書店の伊藤氏にいわれて唖然とした。唖然としてから少々悲しくもなった。

「そいつはとってもエラーイひとのものでしょう。私はエラクないし、なにか面白いとこあるかといわれても……ねえ。自伝風だなんて、私、可哀想にからかわれているの?」

「めっそうもない。そんなこと……」

「あのね、幼少期にめぐり合った『岩波文庫』から数十年、今じゃ『岩波』は私にとっては終生あおぎ見る大先生なんです。そんな大先生がこんなぼんくら生徒にそんな頼み事なんかするわけはない!」

「参ったなあ……」

ウフフフ。大先生の命令だから、それに従うことにしました。おかげで、この一年ほどで五キロほど痩せたようです。

二〇一七年一〇月

高見のっぽ

高見のっぽ
1934年生まれ．本名，高見嘉明．1967年から20年以上にわたりNHK教育テレビで放送された『なにしてあそぼう』『できるかな』で一言もしゃべらずに工作を生み出す「ノッポさん」を演じる．同時に高見映として，多数の放送台本，絵本，児童書，エッセイを生み出す．現在も俳優，作家，歌手として幅広く活躍中．1975年，久留島武彦文化賞(日本青少年文化センター)，2006年，日本放送協会放送文化賞(NHK)，児童文化功労賞(日本児童文芸家協会)受賞．公式HP www.nopposan.jp/

夕暮れもとぼけて見れば朝まだき
　ノッポさん自伝

2017年11月28日　第1刷発行

著　者　高見《たかみ》のっぽ

発行者　岡本　厚

発行所　株式会社　岩波書店
〒101-8002 東京都千代田区一ツ橋 2-5-5
電話案内 03-5210-4000
http://www.iwanami.co.jp/

印刷・三陽社　カバー・半七印刷　製本・松岳社

ISBN 978-4-00-025427-4　　Printed in Japan